JN439355

# 엇박자의 키스

**국립중앙도서관 출판시도서목록(CIP)**

엇박자의 키스 / 지은이: 이제야 외 ; 애지문학회 편. --
대전 : 지혜, 2013
p. ; cm. -- (지혜사랑 ; 076)

ISBN 978-89-97386-47-5 03810 : ₩10000

한국 현대시[韓國 現代詩]

811.7-KDC5
895.715-DDC21 CIP2013000961

지혜사랑 076

# 엇박자의 키스

이제야 외

애지문학회 편

| 애지문학회 제7집 |

# 『엇박자의 키스』를 펴내면서

엇박자의 키스,

오늘도 무언가의 정확한 박자를 기대하지 않는다. 엇박자들이 서로 마음껏 엉키다가 부딪히고 울부짖다가, 그렇게 어느 지점에서 신기하게 입맞춤을 할 때가 있다. 그때 내가 가진 한 가장 나다운 어떤 문장들이 생긴다. 그때 내가 느끼는 한 가장 질서있는 어떤 '빗나감'이 온다. 그래서 오늘도 나는 엇박자를 기다린다.

이 엇박자의 조화를 기다리며, 애지문학회 일곱 번째 사화집을 묶어낸다.

2013년 3월에

차례

## 애지문학회원

### 강병길



### 강서완



### 김재기



### 김지요

## 김진길



## 김정원



## 김현식



## 박정옥

**신종승**



**우애자**



**이돈형**



**이제야**

## 정동재



## 정해영



## 조명희



## 조영심

**조옥엽**



**조재형**



**홍종빈**



**황경숙**

# 애지 초대시

장석주, 송종규, 신현림

박형준, 맹문재, 유홍준

박정원, 이영식, 강영은

길상호, 장정자, 고영민

김영찬

# 북국 淸貧

장석주

기러기 가는 곳이 북국이던가?
늦가을의 바다가 저문다.
어머니 손을 놓치고 바라본 북국의 바다,
바다는 여치 소리를 내고
霜降 이후 서리와 바람은 저마다 일로 바빴다.

샘물은 나지만 자두나무는 없고
엉덩짝마다 몽고반이 있는 수많은 저녁들.
기러기 오는 곳이 북국이던가?
발가락 시린 기러기 나는 하늘,
땅엔 오두막집 한 채,
月暈은 늘고 살림은 줄어도
늙은 여자는 늙고 젊은 여자는 젊었다.
단 열매들이 낙과하는 늦가을 먼 곳을
나는 신앙도 없이 여행 중이다.

오늘 돌이켜보니,
어린 나는 없고 북국은 은둔자의 고장,

가끔 지붕이며 사람이며 집짐승이 날아가는 곳,
가난과 쓸쓸함을 빌미로 핀 국화들은 국화답던가?
저녁은 슬그머니 어여쁜 그늘을 내려놓던가?
허영심을 여러 필 팔아서라도 기어코 구하고자 했던
북국의 쓸쓸함과 淸貧!

| 충남 논산 출생 | 1975년 『월간문학』 신인상 | 1979년 《조선일보》 신춘문예로 등단 | 시집 『햇빛 사냥』, 『절벽』 등 | 기타 다수의 산문집과 평론집이 있음 | 제1회 애지문학상(문학비평 부문) 수상 | 이메일 kafkajs@hanmail.net

# 휘어진 여자

송종규

개를 샀는데 고양이였다

고양이는 시간에 속도를 가한 것,

전화기를 샀는데 당나귀였다

당나귀는 시간에 가속도를 입힌 것,

저 나무, 저 나무는
저 외투, 저 외투는

소매가 뒤틀린 윗도리를 입고 신호등 아래 서 있다

마가린처럼 녹아내리는 달빛,

그녀의 흰 그림자가 내 곁을 지나가지 않았다

| 경북 안동 출생 | 시집 『그대에게 가는 길처럼』, 『고요한 입술』, 『정오를 기다리는 텅 빈 접시』, 『녹슨 방』 등 | 이메일 jksong0914@hanmail.net

# 봄이 아픈 사람

신현림

너는 가고 봄이 온다
너없는 봄은
거울 깨지듯 아프고
손은 미친 듯이 늘어나서
닿을 수 없는 팔은 꼬이고 꼬여서
연기처럼 종소리처럼
그리움은 마냥 퍼져가서

차가운 손이구나 가슴이구나
따스히 네 손을 잡고 싶어서
네 눈속에 출렁이던
아름다운 황토길이 보고 싶어서

또 다시
다시 한 번
네 곁에 있고 싶어서

| 경기도 의왕 출생 | 시집『지루한 세상에 불타는 구두를 던져라』,『세기말 블루스』,『해질녘에 아픈 사람』| 이메일 abrosa@hanmail.net

# 불탄 집

박형준

풀잎이 무성한 강기슭에 서서 한 여인을 바라보았습니다. 죽은 사람을 강물에 떠내려 보내기 위해 물단지의 물을 시체에 뿌리는 여인을. 그녀는 해가 저물 때까지 물단지에 강물을 가득 채웠다가 다시 허공에서 따라냅니다. 나는 불볕더위 속에서 사람의 손이 틀 수 있다는 것을 알았습니다. 여인의 손에 서리가 내려앉아 있는 것 같았습니다. 그건 서리가 아닌지 모르겠습니다. 너무 엄숙해서 허공에서 물 따르는 소리가 순백의 한恨으로 그녀의 손에 맺혔는지 모르겠습니다. 단지 나는 말은 아예 존재하지도 않는 곡소리가 이 세상에 있다는 것을 처음 알았습니다. 울음도 없는, 풀잎이 무성한 강기슭에서 끝날 것 같지 않은 물 따르는 소리를 들었습니다. 여인이 물단지의 물을 허공에 바쳤다가 따라내면 강물은 천상의 음료에 취해갔습니다. 강물은 시체를 품고 붉은 빛으로 일렁이기 시작했습니다. 이윽고 누군가 시체의 몸에 불을 붙였습니다. 진물의 눈동자에서 불꽃이 녹아 한줄기 흘러내렸고 닫혀 있던 시체가 꽃봉오리를 활짝 열었습니다. 강물이 꽃불을 싣고 먼 바다를 향해 떠나갔습니다. 강물 저 너머, 우리는 불탄 집으로 다시 돌아가야 하는지 모르겠습니다. 수평선에서 잿더미들이 쌓이고 다시 불씨들이 허공에서 치솟는 그 불탄 집으로 돌아가 시체는 다시 태어나는지 모르겠습니다. 강물에 번지는 황혼에도, 반짝이는 물단지의 물이 섞여 흘러가는 소리가 들립니다. 여인은 강물 속에서 영원한 화음이 된 것 같습니다.

| 전북 정읍 출생 | 시집 『나는 이제 소멸에 대해서 이야기하련다』, 『빵 냄새를 풍기는 거울』, 『물 속까지 잎사귀가 피어있다』, 『춤』, 『생각날 때마다 울었다』 | 이메일 agbai@hanmail.net

# 헌사

맹문재

1

"아직 말로 다 드릴 수 없는 내 사랑 어머님께"

아들의 헌사가 들어 있는 시집을 헌책방에 내놓은 어머니

아들의 사랑을 믿지 않아서일까?
아들이 시인답지 않다고 여긴 것일까?
헌책을 정리하다가 실수한 것일까?
아니면 아들이 이 세상에 없는 것일까?

2

세 권의 시집을 낸 나는
아직까지 헌사를 쓰지 못했다

까뮈의 어머니처럼
글자를 이해하지 못하는 나의 어머니

나는 어머니의 눈물을 닦아드리지 못한 것이다

3

당신 혼자 읽기가 아까워
아들의 헌사가 들어 있는 시집을 세상에 내놓은 어머니

나는 뜨거운 헌사를 집어 들었다

| 충북 단양 출생 | 시집『먼 길을 움직인다』,『물고기에게 배우다』| 이메일 mmunjae@hanmail.net

# 북천
## — 외팔이

유홍준

손을 씻는다는 말도 있지만
손을 턴다는 말도 있다
북천에는
얼마나 손을 씻고
얼마나 손을 털었던지
한 쪽 팔이 사라진 사람이 있다
그는 한 쪽 손만으로 밥을 짓고 한 쪽 손만으로 경운기를 모는 사람이다
그는 한 쪽 손으로 등을 긁다 시원찮으면 문틀에다 대고 문지르는 버릇이 있다
오늘은 그가
배를 깔고 누워 편지를 쓴다
삐뚤빼뚤 외팔이가 쓴 편지 어디로 보내질 건지 알 수가 없다 큼지막하다 저 글씨 가시가 돋고 가지가 뻗쳤다
종달새야 종달새야 외팔이는 손톱을 어떻게 깎나?

| 경남 산청 출생 | 시집 『喪家에 모인 구두들』, 『나는, 웃는다』, 『저녁의 슬하』 | 이메일 yuhongjun62@hanmail.net

# 사라진 우주

박정원

막 깨어난 애기나비가 뭉클,
나무만 보고 걷던 나를
꼼짝 못하게 묶는다
어쩜 저리 여린 것이
애벌레에서 나올 수 있을까
날 수는 있을까
젖은 날개는 언제 마를까
순한 그 고요 앞에서
박새의 작고 뭉툭한 검은 부리가
번개처럼 날카롭다고 느껴지는 순간
한 묶음의 고요가 출렁!
끊긴다
있던 자리에
애기나비가 없다
소란스런 쪽으로 흰뺨박새가 유유히 사라진다
한세상이 오다가 빤히 내 보는 앞에서 쓰러진다
먼저 살아 본 이파리들이
애기나비와 박새를 번갈아 내려다보는 층층나무아래

박새일까 쇠박새일까 진박새일까 되뇌어보는
그 짧고 짧은 사이

| 1954년 충남 금산 출생 | 1998『시문학』으로 등단 | 시집『고드름』,『뼈없는 뼈』등 | 이메일 jar-par@hanmail.net

## 사람의 全集

이영식

내 집도 많이 헐었다
비루먹은 짐승 한 마리 겨우 세 들어 사는 집
못 자리 곳곳 녹물 지리더니 바람벽엔 실금이 가기 시작
한다

파스조각을 붙여보지만 한번 닳고 나면 재생되지 않는
무릎연골 족의 시름은 깊디깊어 간다

한때는 노동으로 너를 부려 알토란같은 열매도 거두었
으나 오늘은 서쪽으로 한 뼘 더 기울어 뒷짐 진 손이 적막
하구나

사과를 깨물면서 사과나무와의 거리를 느끼지 않듯 너
와 나의 거리를 모른 채 나뒹굴었던 거지 내 집을 꿈꾸게 할
생각 못했던 거야

고뿔로 혹사시켰던 나날들
몸의 다른 이름이었던, 비우지 못해 더 견고해진 아, 집

이여
아집我執이여!

대들보로 세웠던 뼈들이 어깃장을 놓기 시작한다
생일 상 한 번 차려주지 못하고 부채 청산은 까마득한데
어느새 창 흐려지고 머지않아 무릎부터 삭풍이 불어오겠네
백비白碑 하나 세워줄 누구 없이 눈썹달 아래 평토장平土葬으로 묻힐 것이다

몸이여
생의 겨드랑이 비늘 다 털어 찍어놓는 내 집의 풍경이여
사람의 전집은 뒷모습에 있겠다

| 경기 이천 출생 | 시집『휴』,『희망온도』,『공갈빵이 먹고 싶다』| 이메일 lys-poem@hanmail.net

# 앵무歌, 눈물의 이면

강영은

눈물은 이디서 태어나나
당신 눈 속에 괴어있다 꽃으로 피어나나, 당신 입속에 잠겨 있다 혀로 돋아나나

뺨 위를 흐르는 꽃과 혀가 있어 어떤 날의 나는 오목렌즈, 어떤 날의 나는 볼록렌즈

햇빛과 빗방울도 투명 렌즈를 낀 눈,
제 맘대로 부풀거나 졸아든 돌덩이가 눈썹 아래 맺힌 검고 그윽한 그림자를 깨트리네

내가 기르는 앵무새는 날개 죽지가 찢어지네
우는 것은 방향이 다른 날개인가, 그림자와 상관없는 또 하나의 새인가

오래 전에도 앵무새를 기르던 왕이 있었다 하네 거울 속으로 수컷 앵무새를 날려 보냈다 하네 거울 속에 비친 제 모습을 보고 울었다 하네

울지 말아요,
당신은 새장처럼 울기에 적당한 장소를 가졌잖아요
그리고 또, 내가 아는 어떤 거울보다 나이가 많잖아요

청동으로 깎아 만든 샘물에 내 얼굴을 비춰보네
허상은 깨지기 마련이라고, 청동 물결이 흔들리네

여전히 아날로그 방식인 슬픔, 여전히 더듬거리는 눈자위
나는 어디서 흘러온 강물일까, 밤새 부푼 눈이 나무 가지에서 돋네

『삼국유사』권2 기이紀異 흥덕왕 '앵무조'편.

| 제주 출생 | 2000년 『미네르바』로 등단 | 시집 『녹색비단구렁이』, 『최초의 그늘』, 『풀등, 바다의 등』 | 시예술상수상(2006), 현대시 100주년기념전국시공연경연대회 우수상 수상(2007), 한국시문학상 수상(2012) | 이메일 kiroro1956@hanmail.net

# 아가미로 우는 사람

길상호

지난 밤 젖은 그림자 빨랫줄에 널어놓고 당신은 아무 말 없네요, 체온도 없는 꿈을 거슬러 헤엄쳐온 것인지, 비늘 다 벗겨진 물고기처럼 햇볕이 쓰다듬으면 파다닥 어깨를 떠네요. 아가미처럼 빨개진 눈을 깜빡거리며 우는 사람, 언젠가부터 악몽이라는 수심 깊은 독방에 갇혀버린 당신의 울음에서 비린내가 나네요, 당신을 등진 발자국이 서둘러 지느러미 달고 물결 속으로 사라진 날부터였다지요, 물속을 헤매는 꿈이 시작된 건, 당신의 빨간 눈동자엔 아직 희미해진 물고기들 헤엄치고 있네요, 실핏줄 사이를 오가며 슬픈 아가미를 짓고 있네요, 눈 속에 갇힌 물고기를 방생해야 악몽도 잔잔해질 텐데요, 당신은 바람결에도 금방 젖어들고, 널어놓은 그림자만 꾸덕꾸덕 마르고 있네요.

| 충남 논산 출생 | 시집 『오동나무 안에 잠들다』, 『모르는 척』, 『눈의 심장을 받았네』 | 메일 482635@hanmail.net

## 응가예 응가이*
— 킬리만자로

장정자

말라죽은 표범 사체가 있는 킬리만자로

일만구천칠백십 피트의 서쪽 봉우리 빙벽
미라처럼 얼어 죽은 표범의 눈 속에 흰 봉우리 있다

응가예 응가이
중심이 소용돌이치는 괄약근처럼 움푹 파여 있다
급체한 비를 쏟아내다
매화꽃 피우다 항문이 통째로 빠진 곳

저 소용돌이로만 오를 수 있는 흰 산에 가 닿는 정신은 무엇인가
우기에도 바지춤 움켜잡고 응가예 응가이를 내리지 않는다

뼈에서, 나오는 춤이 되라고
날마다 한 숟가락씩 식초를 마셨다
그 뼈는 곡마단 아이들처럼 공중 속으로 돌아올까

술로 만든 식초처럼 지 빙벽은 춤을 춘다
하얀 산의 소용돌이를 가진 나는
곡마단 아이들보다 한 뼘은 더 팔이 길었다

꼭대기에 올라가 죽은
표범의 뼈들이
흰 소용돌이를 갖고 타고 있다

*마사이어로 '신의 집'란 뜻.

| 경남 마산 출생 | 2001년 『미네르바』로 등단 | 시집 『뒤비지 뒤비지』| 이메일 jjjmasan@hanmail.net

# 민물

고영민

민물이라는 말은 어디에서 왔을까
약간 미지근한
물살이 세지 않은
입이 둥근 물고기가 모여 사는

어탕집 평상 위에
할머니 넷이 나앉아 소리 나게 웃는다
어디서 오는 걸까, 저 민물의 웃음은
꼬박 육십칠 년,
합치면 이백 년을 족히 넘게
이 강 여울에 살았을 법한

강 건너 호두나무 숲이 바람에 일렁인다
긴 지느러미의
물풀처럼

어탕이 끓는 동안
깜박 잠이 든 세 살 딸애가

자면서 웃는다
오후의 볕이 기우는 사이,
어디를 갔다 오느냐
이제 막 민물의 마음이 생기기 시작한
아가미의 아이야

| 충남 서산 출생 | 시집 『악어』, 『공손한 손』, 『사슴공원에서』

# 책상 위 책쌍*

김영찬

책상엔 염소가 지나간다
책상엔 종이 줍는 할머니가 지나간다
책상엔 종이 줍는 할머니의 파지를 한 장 슬쩍 소매치기하는
염소가 지나간다
책상엔 서방파 주먹이 날아간다
책상엔 서방파 깡패에게 자금을 대주던 고금리사채업자가 지나가고
서방파서방님, 안녕하세요?
꽃 한 송이 방끗 건네준 오래된 미래의 수험생 Vecchio Futuro소녀가
빠른 걸음으로 지나간다

지나가다가 어느새 뒷모습이 숙녀로 바뀐다

책상에 눈 내리는 나라의 택시운전사가 파르르 지나간다
쌀가마니를 내려놓은 오토바이가 지나가다가 비 내리는 버스정거장에서 오줌 마려워 버스에서 내린 소년을 태우

고 베키오 후투로역까지 가서 기어코 그 옛날 수험생 소녀였던 숙녀, 그녀의 유효기간이 훨씬 지난 과거의 현주소 앞에 철거덕 내려준다

책상 위에 내리던 눈이 황급히 그친다
책상 위에 내일의 장미가 오늘
미리 시들고 있다
꿈길에서 실수로 깨트린 꽃병의 물이 줄어들었기 때문
그렇다면 이제 무엇이
책상 위를 지나가야 하나
책상 위의 '책쌍'이라고 써놓고 어떤 약속이 지나가도록 환승역의 등받이 없는 나무벤치를 비워놔야 하는 건가
책상을 책쌍이라고 된소리로 못을 친 이후 책상정리를 하던 손이 푸수수
나이를 먹어 눈앞이 경음화되었다고 실토하면 용서될 일인가

'책상 위 책쌍'이 너무 높아 의자를 딛고 올라서야 겨우

수험생시절의 수험기간이 끝난다

*책쌍 : 김영찬이 습작을 정리하는 간단한 목제가구. 현재 실용신안특허 출원 중.

| 충남 연기 출생 | 시집 『불멸을 힐끗 쳐다보다』, 『투투섬에 안 간 이유』 | 이메일 tammy3m@hanmail.net

애지문학회

강병길, 강서완, 김재기, 김지요
김진길, 김정원, 김현식, 박정옥
신종승, 우애자, 이돈형, 이제야
정동재, 정해영, 조명희, 조영심
조옥엽, 조재형, 홍종빈, 황경숙

# 소견 외 2편
## — 그리하여 35

강병길

주춧돌은 그대로 두고
기둥과 보는 살리고
나머지는 헐어야겠습니다
백 년 만에 한 번 쏟아지는 눈을
이겨내야 지붕이죠
그 눈이 내일 내릴지도 모릅니다
당신도 꽤나 눈을 이고 있군요
바람도 들지 않습니까
집도 다르지 않습니다
피라미드를 보세요
가장 오래 가는 집은
관을 넣어두는 집입니다
살아서는 가질 수 없는 집이죠
그래도 고쳐야 한다면
철심을 몇 개 보강하고
버려진 집의 황토를 이겨 덧바르고
백내장 걸린 유리창 갈아 끼우고
오색단청 해봐야 소경단청이라서

고쳐도 볼품은 없겠습니다만

새로 짓는 게 낫겠습니까
새로 짓는 게 낫겠습니다

그리하여
주춧돌을 빨랫돌로 쓰시고
서까래는 장작으로 쓰세요
이태는 아궁이 입을 막을 수 있을 겁니다.

## 눈파도
— 그리하여 36

한바탕 눈은 내려 모래 위에 쌓이고
한바탕 파도는 모래절벽 세우고
쌓인 눈 파도처럼 굽어 눈파도 친다

모시조개 게딱지 홍합 소라들
소갈머리 버리고 껍데기로 밀려온
새경 없는 파수병들만 지키는 해변

연거푸 첫발자국 찍는 아들과
갈매기처럼 새우깡 받아먹는 딸애와
아직은 낮달 같이 뽀얀 아내 손잡고
겨울의 경계를 밟으며 간다

파도와 눈파도 사이 좁은 모래 위
용케도 맨발은 아니로구나
그래! 오늘은 노을 없는 동해
마이너스 통장이라도 헐어서 건자

눈파도는 파도에 맞아 바다로 가도
수평신과 눈평선 사이 뗏목처럼 떠도는
식솔의 어깨를 방풍림 삼아

그리하여
하염없이 느리게 느리게 가자

# 난
— 그리하여 37

화품花品의 조예가 애시 없는 내게
몇 년 전 선물로 받은 난분에서
해마다 꽃을 보기는 본다

촉이래야 불붙다만 성냥개비고
부석 위로 똬리 틀다 바닥을 짚은
수도승 지팡이처럼 끌리는 뿌리
어쩌다 개념 없는 누당淚當에 와서
절개의 쓴맛을 제대로 보나

치자治者는 매송연국 화색에 놀고
한사寒士는 눈 서리 뺄밭 바람이 찬데
물 한번 시원하게 못 준 나에게
촉촉수의 외통을 선수로 둔다

그리하여 꽃대를 올리나보다
청감수 청열수 아닌 수돗물로도
종자의 향기는 같은 거라고

| 경기 이천 출생 | 시집 『도배일기』 | 강원도 원주시 문막읍 문막리 547-1번지 | 핸드폰 010-8842-7074 | 이메일 sunbee70000@hanmail.net

# 전언 외 3편

강서완

가죽가방에서 연록의 냄새를 맡았다면
당신은 유령을 본 것이다

망초무리와 바람소리
햇빛을 흔드는 새소리까지
아버지의 가방에서는
발효된 시간의 냄새와 함께
당초문을 채색한 언월도偃月刀, 혹은 어좌御座와 같이
주위를 사로잡는 위엄이 있었다

세금 고지서가 뿌려지는 7월이면
간혹 무엇엔가 쫓기는 주민들이 이주를 서두르곤 했는데,
그에 따라 가방도 주름살이 마냥 깊어져
초콜릿 냄새를 더 이상은 품지 못했다

적막감 자주 날아드는 요즘 내 방은
조각달로 밀주를 담가 여명으로 덮어두곤 한다
나뭇가지에 걸린 별빛이며

여름을 건너가던 소나기와 무지개 냄새가 살아나는 건
참으로 기막힌 그 옛날의 향수다
붉은 숨 내뿜지도 못하는 내 앞에
아버지의 가방의 유령이 흘러나온다

때때로 꿈에 관한 이야기 들려주던 그 가방은
아버지의 숨결이 사라진 이후, 누구에게도
단 한 번도 아무 말도 걸지 않았다

# 양귀비

노파가 두 명의 경찰과 실랑이를 한다
"쟈들 섰는 들길이 죄다 훤하당게. 이쁘기로 화초 삼으려 데려왔지라. 게다가 속 답답헐 제 우려 마시믄 눈이 훤해지고 가심이 팍 뚫링게로 그게 뭔 잘못이랑가."
"그게 아니랑게요. 우째 비닐하우스가 온통 꽃밭이당가요. 쟈들을 우려마시면 박하향이 허벌낭게 삭신이 천국에 간 기분잉게 분명하지만도요잉, 아따 고것이 사람 잡는당게요."
"설마 천국이 사람 잡는 덴감? 워째 내 말을 못 알아들었으까."

그 꽃잎 바라만 봐도
흰 구름 살짝 벗겨 드러낸 맨살
치자 향이 혈관을 감돌아
봄바람과 동침한 기분이라는데
근심 걱정 씻어내는 노랫소리 들린다는데

딱, 한 번만

그 밝은 에테르
입
맞추면 안 될까요?

# 나뭇잎이 돌아갈 때

단풍잎이 대지에 내리기 직전
그 숨소리의 무게를 물었을 때 나는
아직 해를 쬐고 있었다

깊은 숲 수런대는 소리에 귀 기울였을 때
햇살을 옮겨 타는 다람쥐의 부단한 눈빛과 마주쳤을 때
수없이 뒤집혀 희번덕이던 나뭇잎의 이면들

잎사귀가 부풀어가는 동안
상수리나무 열매껍질이 얼마나 두터워졌는지
밤송이 가시가 몇몇 날 동안이나 곤두서있었는지
몸속에 칭칭 새긴 길에 대하여

은행나무가 노을을 내뿜으며 흔들릴 때
범종소리가 무덤을 지나는 사이
붉어진 가슴에 대하여
깊어진 침묵에 대하여

뼛속까지 굽이치는 갈대밭 능선 아래
나는 아직 가벼웠다, 너무나도

# 법주사 입구

화단 가득한 엉겅퀴
호랑나비 서넛
휘청휘청 들락댄다

한 무리 여자들
꽃다운 얼굴로 다가와도
나비는 아랑곳없다

필경 서로 처음이다
묘한 유혹에도 끄떡없는
저 얇은 날개의 힘

| 경기 안성 출생 | 2008년 『애지』 등단 | 경기도 안성시 공도읍 만정리 kcc스위첸아파트 113-804 | 010-5240-3680 | 이메일 may-kbl@hanmail.net

# 마로의 침묵 외 2편

김재기

강아지 때부터 오랜 세월을 함께 보낸 마로
먹지도 짖지도 않고
힘없이 엎드려 노을에 잠긴 교회의 십자가를
그윽이 바라본다

깊고 고요한 눈
무엇을 생각하고 있을까

내 가슴에도 스산한 바람이 분다
불볕 같은 삶을 살다가 어느 날
다가온 생사의 갈림길에서 지난 삶에 대한 분노와 회한에 젖은
내 모습을 보는 것 같다

죽음은 누구나 처음 맞는 마지막 경험이다

저 눈에 도사린
보이지 않는 두려움,

무엇을 어떻게 해야 할지 침묵만 흐른다

늙고 병든 개
가야 할 길 어딘지도 모르고
어디론가 불안한 발걸음을 내딛고 있다.

## 떡갈나무

응달진 산비탈 잡목 사이
우듬지 높은 나무
얽힌 주름에 새겨진 세월이 무겁다

더 많은 햇살을 받으려고
키를 늘리고 가지와 잎을 무성히 매달던
긴 영욕의 세월
바람에 날렸던 티끌 자국이 촘촘하다

바윗돌 피해 이리저리 휘어진 뿌리
절름대며 캄캄한 미로에 발을 내딛는다
큰 키만큼 땅속 깊이 뻗은 다리
거세게 몰아치는 비바람 견디고 있다
돌덩이에 부딪힐 때마다 파르르 불꽃이 튄다

보이는 만큼 보이지 않는 것을 감추고
한 발 한 발 걸어온
가파른 돌길

무거운 걸음 멈추고
푸르던 잎사귀들 바람에 날려보낸다

황혼이 깃든 숲속
둥지를 틀던 새들은 떠나가고
쓸쓸한 고목 한 그루 늙은 아버지처럼 서 있다.

# 비빔밥

전주시 덕진구 소리문화원
옆 길 건너 허름한 비빔밥 전문식당 진주비빔소리
점심때가 되면 장터처럼 소란하다

구멍 난 문종이와 빛바랜 벽지가 웃고 있는 방안
찌그러진 양푼에 나물을 얹고 청국장을 부어
너나없이 밥을 비빈다

무생채, 겉절이, 시금치, 콩나물이 섞이고
갖가지 얼굴
한 자리에 비빔밥처럼 맛있게 섞인다

젊은이와 늙은이가 비벼지고
여자와 남자가 비벼지고
학생과 교수가 비벼지고
노무자와 경영자가 비벼진다

경상도의 양푼, 전라도 쌀밥 위에

강원도 나물을 얹고 충청도 청국장을 쳐서
경기도의 숟갈로 비벼먹는 비빔밥

팔도사람들 한 자리에서 다정하게 비벼진다.

| 전남 순천 출생 | 『서정문학』 시부문 등단 | 애지문학회 회원 | 한국과학기술원 이학박사, 국방과학연구소 책임연구원, 두산인프라코어 및 삼성탈레스 고문, 현) 전북대학교 초빙교수 | 대전시 유성구 반석서로 109, 705동 206호 | 핸드폰 010-3412-6869 | 이메일 jaikikim@hanmail.nett

# 어머니, 꽃밭에 들다 외 4편

김지요

## 어머니, 꽃밭에 들다

어머니는 요즘 꽃 보는 재미로 사신다
매화를 심고 난초를 심고
점에 십 원씩 하는 화투판에서 사계절을 보낸다
꽃놀이, 단풍놀이 다 하고
이천구백오십 원이 남았으니
남는 장사라고 웃으신다

할매들은 군용담요 위
펼쳐진 화투짝만큼 걸판진 농을 주고받는다
비오는 날 임도 기다려보고, 고운 모란꽃이었던 적 있었는디
인제는 공산명월이여
애꿎은 흑싸리 껍데기를 툭 던진다
정작 숨기고 싶은 패는 보여주지 않는다
남은 것을 다 건 듯이
십 원 때문에 얼굴에 열꽃이 피어 눈을 흘긴다

무를 수도 없기에
한 번쯤 손을 털고 일어나는 일은
누구에게나 벌어지는 일

해진 담요 안에 족히 담아질 만큼
소소한 꽃밭이 저문다
한바탕 놀음이 끝난 할매들이
틀니를 드러내며 웃는다 화투짝처럼 뒤집어진다
목단 매조만 꽃이랑가
할매들 얼굴마다 자글자글 주름꽃
진경에 든다

## 봄날을 훔치다

무슨 일이 일어날 것만 같은 봄날이었지
담배연기로 먼 봄날의 한 순간을 불러냈어

담배를 나눠 피자는 여자의 눈짓을 따라갔을 뿐이라네
꽃구름이 일던 배나무 사이로 들어갔어
우릴 훔쳐보는 보름달의 숨소리가 들렸어
담배에 불을 붙이는 순간 그녀가 나의 팔을 당겼지
순간 짓이겨진 배꽃의 가장 비밀스러운 속살에 닿을 수 있었어
봄밤이었고, 봄밤이었고
뒷얘기는 상상에 맡기겠네

눈을 빛내며 여자가 말했어
나무 아래서 일어나는 일은 다 똑같지 않아요?
꽃피는 시절에 뻔한 일 아니겠어요
심드렁했던 내 얼굴에 꽃그늘이 일렁이는 것을 보고 만 거지
장지문에 침 발라 구멍을 내는 아이같은 표정으로

여자는 내 기억의 어깨너머를 기웃거렸어

뻔한 일 조차 일어날 기미가 보이지 않는 봄날이 다시 왔어
벌이 날아와 주긴 애초에 그른 것 같던 늙은 배나무에
온갖 금지어들을 매달고 꽃들은 피고 있어
무슨 일인가 벌여야만 할 것 같은 봄날이야
담배연기에 화답하듯 배꽃향기가 두근두근 날아오고 있어
누군가 황홀한 나락으로 떨어지자고 소곤거리는 것만 같아서
봄바람에도 흠칫 돌아보게 되는,

## 괄호의 변명

누군가 제목을 정하지 못한
시를 가지고 왔다
이름하여 ( )댁 이야기
어떤 이름으로 불러주어야
괄호를 벗을 수 있을까
의견이 분분했는데
괄호댁, 괄호댁 하다 보니
그야말로 입에 딱 붙는다

내 이야기, 네 이야기 같아서
손이라도 잡아주고 싶은
그러나 무릎을 칠만 한 무언가가 빠져
괄호로 남을 수 밖에 없는
괄호댁 이야기

어디서 봤더라
정말로 기억나지 않는다는
눈길과 마주칠 때

괄호는 말한다
누가 들어앉아도 무리가 없는
지나칠 순 있으되
건너 뛸 순 없는 괄호,
파격과 반전 사이에 끼어
움츠리고 있는 괄호를 발견하거든
다만 검은 봉지처럼 대하지는 마시기를
어디에나 쓰이지만
뻔한 내용물이 담긴 듯한.

# 사막여우를 키우는 사람들

사막여우를 키우는 사람들이란 인터넷 카페를 발견했어
마우스로 문을 톡 두드리려다 말았지
사막여우, 사막여우 하고 입을 모으면
가까스로 파스텔 톤 새벽하늘이 나타나지
카르돈선인장이 낯선 질문처럼 우뚝 서있는
모래언덕에 홀연히 나타난 사막여우
비는 오지 않고 여우는 눈물샘을 찾고 있어
정제된 슬픔을 한 방울씩 호리병에 모아 만든 샘이야
사막에선 죽음도 바람에 몸을 맡기고 하늘로 날아가 없어지지
냄새조차 없어진 이름들을 핥으며 주린 배를 채워야 해
항상 발목을 잡는 건 생각이야 걷고 또 걸어야 하지
걷는다는 생각조차 없어져야 살아남지
너무 막막해서 코끝이 시큰거리더라도 냉정을 잃지 마
사막을 들여다 볼 때 조금의 연민이라도 느낀다면 여우는 사라지고 말아

모래바람에 눈물샘이 말라버린 사람들이 있어

부서지고 흩어지는 문자들의 沙邱

ㅋ, ㅎㅎ, ㅠㅠ 사라진 여우 발자국만 어지러운

# 저녁에 대한 은유

여자의 몸에서 말이 떠나갔다

걸쭉하게 욕 한 사발 풀어내기도
냅다 내지르기도 잘 하던 여자
가장 곡진한 언어인 먹고 싸는 일만 남은 여자
여자는 날마다 얼굴을 빌어
되지 않는 말을 빚느라
한 덩어리 반죽이 되어간다
잔뜩 미간을 찡그리며
쉬가 마려워도 웅웅
몸이 가려워도 웅웅

굳어가던 반죽이
뭉클 살아날 때가 있다
아들을 바라볼 때 여자의 얼굴은
따스하게 부풀어 올라서는
이지러진 곳 없는 모음을 만든다
한 덩어리 달이다

달싹이는 달에 바짝 귀를 대는 아들
무언가를 묻고 또 묻는다

측은함으로 우주를 싸안은 달과
달에게서 눈을 떼지 못하는 남자
수만 가지 언어로 읽히는 동굴의 벽화가
그려지는 저녁

| 2008년 『애지』 등단 | 전남 보성군 보성읍 우산리 장미@101동 607호 | 핸드폰 010-7590-9610 | 이메일 young-3023@hanmail.net

# 3월 외 1편

김진길

나 여기 가을추억
한들대는 들녘에 와

빛바랜 꿈 한 줌을
다시 흩뿌리노니

먼 데서 프로펠러 소리
삼월삼월 오더니라.

# 시계보법時計步法

세상은 둥근 것이다
언제나 체크-체크

하루도 천 년도
저 동심원에 있나니

둥글게 굴러서 가야
둥글게 닿는다.

| 강원 영월 출생 | 2003년『시조문학』, 2006년《부산일보》신춘문예로 등단 | 시집『집시, 은하를 걷다』,『밤톨줍기』| 한국문인협회 · 한국시조시인협회 · 애지문학회 회원 | 핸드폰 010-5088-7220 | 이메일 kjgil52302hanmail.net

# 말조심 외 4편

김정원

말조심하세요
말은 힘이 세니까요
마력이 큰
말을 부리려면, 그 입에 단단히
재갈을 물려야 해요
그래야 실언하지 않고
말의 온몸을
대로로 끌고 다닐 수가 있지요

조그만 키가 남산만한 배를 조종하듯
세 치 혀를 함부로 놀리지 말고
신중히 다루세요
그렇지 않으면 언로를 벗어난
망아지 같은 혀가 뿜어낸,
화력이 사나운 말의 뒤차기가
마음에 지워지지 않는 상처를 내니까요
애먼 사람을 이른 별이 되게도 하지요

# 연기설

그의 어머니 사진 앞에서
막대향에 불붙여 향로에 수직으로 꽂고
2.5배를 올린다

고인이 마지막으로 초대한 잔칫상에서
상주와 소주잔을 기울이며
영전을 엿본다

막대향돛 달고 떠나는 향로배,
불새가 앉은 솟대 같다

날개 없는
연기가 높이 날고
다리 없는
향기가 멀리 달린다

향기와 연기는
어디서 오는가

불에서인가
향에서인가

향이 있어도 불이 없으면
불이 있어도 향이 없으면
향기도 연기도 나지 않는 법

연기煙氣는 연기緣起!

이미 싸늘한 재도,
아직 따뜻한 향로도
동굴벽에 비친 그림자에 불과한 것

"대리운전 부른 분?"

인연 따라 그 낯선 운전기사에게
차 열쇠를 넘겨주고 목숨마저 기댄 채
사차선 도로를 질주하는

나는 어디로 가는가
그는 또 어디로 가는가

무각사無覺寺에서 공 같은 바람을 메고
탁발 나온 종소리를 잡으려는 듯
나는 차창 밖으로 빈손을 내민다

# 옛 골목

고색창연한 외설은 예술인가

남자와 여자를 깔끔하고 적나라하게
생물학적 기호로 환원한 벽화에서
생산 원리와 존재 내력을 탐독하며
나는 골목길을 걷는다

걷기는 심심함의 발로
걷다가 깊은 심심함에 사로잡혀
나는 춤을 춘다

속도를 쓰레기장에 폐기처분한 나의 춤은
직선운동에서 완전히 벗어나
완곡한 사색의 정수리에 안착한 몸말

그 생동하는 언어로 놀이하는 아이들은
노동면역결핍증 환자인 우울한 일개미들처럼
자기를 다 태울 때까지 움켜쥐는 주먹이 없다

은행나무 우듬지 둥지가 까치를 환대하고
양철대문 앞 단꿈이 고양이를 초대하는
하느님도 하늘을 텅 비운 오후

단단한 이야기 돌 한 줄 위에 말랑한 이야기 흙 한 줄,
번갈아 예닐곱 층으로 구성지게 쌓아올린 긴 담장은
두꺼운 이야기책, 사이사이에
민들레, 채송화, 들국화가 피고
호박과 감이 다투어 익고
막다른 표지에 눈이 내리는, 그 책의
첫 장을 펼 때마다 내 가슴은 뛴다

자동차 바퀴에 깔려죽은 바리데기를 다시 살려내고
감시 카메라에 벌거벗겨진 낙서 같은 삶을 감싸는
손때 묻은 골목길의 서사성에

꼼짝 않는 한 그림자가
오래 귀 기울인다

# 나에게 묻다

신문에 실린 사진을 보고
기사를 읽다 망연해져서
나는 나에게 묻는다

사람 때문에 넘어진 사람
사람 덕분에 일어서는
사람 세상에서

아사하는 아시아, 아프리카 아이에게
죽음보다 더 무섭고
지구보다 더 무거운 것은
쌀 한 톨

더 많이 긁어모으면 모을수록
더욱더 모자라는 갈퀴인가
더 많이 나누어주면 줄수록
더욱더 넘치는 샘물인가

이웃의 가슴에 대못을 박고 흐르는 피를
멀리서 구경하는 망치인가
이웃의 가슴에서 대못을 빼고 깊은 상처를
온몸으로 감싸는 붕대인가

어떤 사람인가, 너는

# 우화

능금 하나를
반으로 쪼갠다

봄부터 적금해온
향기를 내뿜으며
활짝 우화한 흰나비 한 쌍

나와 아이는
사마귀들처럼
달콤하고 질펀한 날개를
한 입씩 베물고 씩 웃는다

모든 삶은 가인이다,
죽음의 축제를 즐기는

| 전남 담양 출생 | 2006년『애지』등단 | 시집『줄탁』,『거룩한 바보』,『환대』| 수주문학상, 시흥문학상 등 수상 | 광주시북구일곡동 848-1현대아파트201동 1507호 | 핸드폰 010-8433-3253 | 이메일 moowi21@hanmail.net

# 마틴 부버에게 한마디 외 4편

김현식

너를 만나고 나의 갈 길은 예정되었지
무척 행복했었지
방황은 시작되었지
끝없이 하얀 구름을 날려 보냈지
너를 알고부터는
끝을 알 수 없는 먹구름을 따라가기도 했지
나의 파란만장한 삶은 시작되었지

나의 그릇은 깨지기 시작했어
넓은 세계로의 유영이기도 했어
아니 표류였는지도 몰라

너를 만나고 나의 삶은 석회처럼 굳어 갔지
뇌는 복잡해지고 다리는 뻣뻣해져 갔어 가끔
고장난 스프링처럼 튀어오르기도 했지만

'너와 나'의 의미를 찾는 여정이 이처럼
혼돈 속의 낙엽편주임을 어이 알았으리 그러나

이미 피할 수 없는 쓴 잔이니
비켜갈 생각은 없어 그래도
의미 없는 '너와 그것'이 될 수는 없지 않은가

그는 입을 다물고 한마디도 하지 않았다

# 벙어리의 꿈

원래 벙어리는 아니었다
사계절이 사라지고 봄은 오지 않고
눈마저도 오지 않는 스산한 겨울만이 계속되었다
꼬인 새끼줄은 닳고 닳아서야 비로소 풀어졌다
지저귀던 새들이 떠난지 오래되었으므로
더 이상 말이 필요하지 않았고 혀는 퇴화되었다
낮은 체감온도를 견디는 인내의 벽은 두꺼웠다
들려오는 온갖 음산한 소리를 침묵으로 소화하며
무거운 배낭을 메고 기나긴 동면의 세월을 천천히 걸어
갔다
잔잔한 물결과도 같은 걸음걸이에는
고행하는 수도승 같은 무게가 딸려 들어갔다
정처없는 길의 끝은 어디일까
를 생각해 본 적도 이미 오래 되었다
알 수 없는 세월의 순리에 모든 것을 맡겼다
한 번 들어가면
죽어서도 나올 수 없다는 수도원의 수도승처럼
무거운 침묵의 시위 속에서

가끔 들려오는 철새들의 소리에
가느다란 미소로 대답하는 것이 고작이었고
모든 것이 얼어붙은 듯
회한의 미소로 변한 거친 삶의 결이
차라리 평안의 몸짓이기를 바랐다

퇴보도 진화의 일부라고 생각했다

# 제동장치

결코 고장이라는 단어를 모르는
정거장도 없는
출발역도 종착역도 없는
열차는 달린다

제동장치가 고장난 유구한 열차에
그들은 무한한 노력을 쏟아가며
제동장치를 수리해 보려 했으나
새로운 장치를 개발해 보려 했으나
처참하게 실패했다

그리고는
그것만큼은 불가능하다는
깨달음을 얻었다

탈출하는 방법은 오로지
그냥 뛰어내리는 것 뿐이었다

그러나 거기에는 엄청난
위험성이 내재해 있었다

삶의 가치의 상실이었다

이 치명적인 부작용을 망각한 인간이
오늘도 뛰어 내렸다

# 원심력과 구심력 사이

원심력과 구심력이 균형을 유지하던 자리
원심력이 불안한 떨림을 감지한다

핵을 등지고 섰던 눈빛이 풀어지고
중심으로 기울어지는 불안정한 낙차

중심이 희미해져 가는 것을 눈치채지 못하고
흔들리는 다리를 조심스레 내딛는다

실은 자신이 핵이 되고 있음을
세월이 빚어 놓은 결과임을

구심력과 원심력이 다투는 사이
팽창하는 우주를 따라
근본으로부터 멀어져 가는 안타까움

아무리 멀리 내달려도 고작 약간 커진 동심원을 맴돌 뿐
서로 힘이 파해서 가까워지는 때는 다른 차원의

새로운 정으로 맺어지는 것, 그걸 성숙이라고 하던가

성숙의 열매는 고요
삶과 죽음이 첨예하게 맞부딪치는 절벽이다
죽음을 초월하는 지점이다

고향이 멀어져 가고 이제는 자신이
핵이 되어가고 있다
작은 위성들이 돌고 있다

# 관념의 꽃

추상과 관념의 비극은 너에게
아무것도 줄 수 없다는 데에서 나왔다
그것은 단지
무능하다는 수사적인 표현일 따름이다
추상과 관념의 그늘에서 멀어질수록
진실은 더욱 가까워지는 것,
펜과 입은 무거워 질 수 밖에 없다
무능할수록 관념의 꽃은 크고 화려하게 핀다
그것은 변명의 토지에서 자라나는
뿌리 약한 나무이다 하지만 그대여
그냥 맛없고 쓴 양념이라 생각하고
약간은 용서해 주기 바란다
그것도 아니라면 돌이 될 수 밖에 없으니
열매를 맺지 못하고 익은 동백꽃처럼 떨어지고 마는
눈을 뜨면 사라지는
관념의 꽃, 비겁한 수사의 그늘막에서
오늘도 여전히 화려하게 피고 있다

| 광주 출생 | 전남대학교 의과대학 졸업 | 외과전문의 | 2006년『애지』로 등단 | 시집『나무늘보』| 공동사화집『날개가 필요하다』외 다수 | 현재 서울송도병원 원장 | (100-453) 서울특별시 중구 신당3동 366—144 서울송도병원 | 의국 02-2250-7368~9 | 핸드폰 010-9973-8048 | 이메일 mdkhs1@hanmail.net

# 말의 질주는 푸르다 외 3편

박정옥

말의 본능은 달아나는 것이다

고삐를 풀고 수천 마일을 달려

너의 가슴에 꽂히는 한 마리 짐승

자신의 범주를 매번 허물어야 하는

고독한 배경을 끌고

돌아 올 수 없는 길을 나설 때

간절한 말은 네게로 닿아

푸르게 살아서 만지고 싶어질 것이다

# 뼈들은 어디로 가나
— 담쟁이

소망정형외과 담벼락은 한때 왕성한 희망과 엘비캅셀을 먹어치운 흡반들로 생기가 넘쳐났다. 자고나면 푸른 띠를 두른 머리들이 게알처럼 풀려나와 바지락거렸다.

따뜻한 봄날 이리저리 쓸리는 익명의 얼굴들이 동시다발 떠들고 나와, 골골샅샅 잼처 걸으며 푸르게푸르게 뜨거웠다. 묵은 가지 곰탁곰탁 자리보전에 급급한 노익장들을 허물고 지나는 길은 추호의 의심도 없다.

저쪽이 궁금한 이쪽은 거치른 벽을 당겨 바람이 불 때마다 귓불끼리 우루루 일어섰다. 한 묶음의 함성은 윤기나는 공약을 벽에 내걸고 지루한 세상을 한 차례 훑어온다.

처방전을 받아든 사람들은 엇나간 생의 굴절을 일으키느라 록소닌, 알리벤돌에 뼈를 저당잡히며 지루하게 반복되는 처방에도 바쁘게 길들여지고 잊. 혀. 졌. 다.

젊은 함성이 사라진 쓸쓸한 겨울 담벼락엔 잔뿌리들을

무릎걸음으로 업어낸 굵은 마디들이 복마전처럼 일어났다. 차마 걷잡을 수 없는 푸른 혈기 꾸꾸 눌러 서로의 뼈를 잇대고 여름날의 단추를 꼼꼼 채워두었다.

# 채석강

오늘도 책들이 쌓인 도서관에서
그녀는 파도를 턱으로 밀어낸다

조금날 물수제비 뜨는 남자가 다녀가면
낯익은 페이지에 촘촘 박힌 미련이나
행간 사이 숨겨 놓은 오류를 들먹이며
서로에 대한 난독으로 해안가 깊숙이
파묻히는 습성을 깨닫지 못한다

매번 통증까지 들쑤시고 가는 남자
울울한 반경을 벗어나지 못하는 여자
습관들이 부서질 때마다
강의 일대기가 웅성거린다

한때 남자는 열혈 청년이었다.
존 바에즈를 닮은 여자의 음색이
바로크 지붕의 노을에 얹히면
남자는 제 안으로 침몰해 가고

여자는 소리의 통각을 퍼렇게 묶어 놓았다

아직은 누구도 그녀를 읽지 못했다

## 당신도 진화를 하세요

와이드 컬러 컨트롤 티브이는 감성을 말랑하게 풀어 형형색색의 시청자가 간이 되는 화면을 생동감 있게 구워냅니다. 서양여자가 미간을 상큼하게 찡그리고 와인을 마십니다 백만 화소가 밀려왔다 조루로 헉헉거리고 와인 잔에 부딪친 신호파는 상큼 발랄합니다

쇠고기 당근 양파를 투과한 감도는 도마 위에서 냉큼 허를 찔러 여자의 서툰 손길로 감성의 소스를 뿌려댑니다 고난도 화질에 방긋방긋 튀겨지는 감성 이때 당신의 혈압은 핫 픽셀입니다 요리를 하던 앵커가 르와르 포도밭에서 록커들과 포도송이 스트라이크를 연속 날립니다 무성영화처럼, 레드와인이 팔랑 물오른 소녀처럼 떠다니고 당신은 교란됩니까? 샐러리, 우리의 푸르른 샐러리, 물방울을 유성처럼 날리고 화면가득 당신을 주시합니다 불안이 위험수위에 오른 당신 연둣빛에 잠겨 현실을 꺼버립니다

톡톡 잘려지는 식물의 관능에 더는 버티지 못하고 그 옆에 편안히 눕습니다.

화면은 파릇파릇 물오른 당신을 유유히 밟고 사라집니다.

| 방송대 국어국문과졸 | 2011년 『애지』로 등단 | 울산대학교 역사문화학과 석사졸 | 울산광역시 북구 달천동 아이파크 205-303호 | 핸드폰 010-3564-1246 | 이메일 pjo08@hanmail.net

# 갈대꽃 외 3편

신종승

흰털복숭이 몸으로
앞발 뒷발 펄쩍펄쩍 뛰어오르며
탐스런 흰 꼬리 흔들어대며
얼굴 간지럽게 핥아대며
달려드는 복실이와 흰둥이

까불까불 이리도 오도방정일까

강기슭의 둔덕 저 아래로부터 달려와
앞서거니 뒷서거니
안기거니 덮치거니
이렇게도 반가울 수가 다 있나

# 어느 간이역

무궁화호를 기다리는데
KTX 열차가 미끄러지며 들어오더니
거침없이 지나쳐간다
통과역인 이곳,
좀 쌩둥한 마음이 바람 일듯 인다

왜 이리 차가울까
오늘은 그래도 조금 속도를 줄이면서
슬쩍 눈인사 건네는 것도 같았지만
지나치는 옆모습과 뒷모습을 보니
콧날 뾰족하니 세운 맵찬 얼굴 그대로다

간이역까지도 지나치지 않고 꼭 들러서는
손 꺼칠한 사람들의 손 덥석 잡고는
잠시나마 너스레 떨기도 하고
이것저것 허드레 것 죄다 건어 싣고는
손 흔들며 주섬주섬 떠나가는
너털너털 웃음이 명품인 완행열차

그 열차에 몸을 싣고 어느 간이역에라도
다다르고 싶은 오늘이다
대합실이 거실 같은,

# 나와 나
## — 내가 나를 지우기 하다

최신형 스마트폰으로 나를 찍는다
나를 내가 찍는다
한 차례 나를 찍고는
내가 나를 들여다본다, 검사하듯
이리저리 빛 잃고 탄력 잃은 얼굴
처진 눈 꼬리 입 꼬리가 억지 표정 지은 채
나를 바라보고 있다, 나라고 하며
이게 누구야,
왜 이렇게 된 거야,
기분이 나빠 당장 나를 지우기하고는
내가 나를 다시 찍는다
찍었다 지우고 지웠다 찍고 해보지만
나는 흔쾌하게 나에게로 달려 나오지 않는다
언제 보았는지 갈풀 같이 희뿌연 이가 나타나
실물보다 더 잘 나온 거 아니냐고 피식 웃는다
진정 어디로 멀리 간 건가, 푸르른 나!
안되겠다 싶어 여러 장을 한꺼번에 찍는다
이렇게 저렇게 포즈를 바꾸어 가며

이쪽저쪽 각도도 달리 해 가며
그러고는 한 장 한 장 제쳐가며 나를 찾는다
나와, 나!
세월은 흘렀어도 여전히 푸르른 내 마음
끝내 최신형 스마트폰의 성능을 탓하며
불만 탱탱한 기분을 내동댕이쳐버린다
최신형이란게 푸르렀던 마음 하나 제대로 못 찍다니…

## 들판

들판에 호젓이 서면
누군가가 늘 휘파람을 불어준다

그래서 두리번거린다,
두근거리는 마음 되어

누굴까, 저 휘둥그레한 들판 끝에서
내게로 오지 않으면서 내게로 오는

언제나 내 시선의 뒤편에서
열두발 상모 돌리듯 내 옛날을 휘휘 돌리며

날 부르지 않는 듯 날 불러대는
꼭 걸음 멈추고 뒤돌아보게 만드는

누굴까, 내 그리움을 아는 이
오롯이 나의 휘파람을 내 심장에 불어주는

바람 푸르고 싱그럽다

| 2012년『애지』로 등단 | 충북 옥천군 옥천읍 삼양5로 5-20 | 집 043-731-4064 | 이메일 jsshine91@hanmail.net

# 디지털 경매 외 3편
## — 가락시장 경매장

우애자

리듬 타고 일만 오 천!!
경매사 인이 박힌 생계의 운율로
낙찰 가격을 고속으로 선정하는 경매장
한 뼘의 틈도 주지 않지만 살벌한 경쟁 속에서
자리를 찾아 한쪽 엉덩이를 걸친다

왼쪽에 앉은 432번 일어나
자리를 나누자고 신호를 보내지만
돌덩이 같은 무지한 감각 꼼짝 않는다
한 자리에 두 엉덩이가 앉으면
온 몸의 핏줄이 오그라든다

바다 소금기 빨아들인 내공의 힘,
억센 남자 틈에 자리 지키는 차돌처럼 단단한 홍일점
삶의 매듭을 풀기 위해 맨발로 새벽을 달려온 길,
푸른 바다에 닿을 수 있다고 믿었던
출렁이는 물결 손가락 사이로 빠져나간다

수지 경매에서 디지털 경매로 바뀌는 시점
시시각각 오므렸나 폈다 하는 손가락
긴장에 더듬거리며 속도를 익힌다
생계의 숫자를 삽시간에 누르면 꿈틀거리는 전광판,
빛살이 번쩍 삶의 가치를 입력한다

# 탈선

중학교 수학여행에서 돌아오는 중
청천역 출발, 불의의 사고 열차에서 떨어졌다
역장은 놀라 말을 더듬었다

이승과 저승 사이 연꽃 만발한 팔각정,
넌 죄 짓지 않았으니 돌아가 죄 짓지 마
근엄한 할아버지 목소리,
붉은 심장에 각인된 약조

그날 이후, 스스로 낮아지고 작아졌다
어제 본 하늘과 땅이 아닌 다른 세상,
개미 한 마리 돌멩이 하나 풀잎까지
내 눈 안에 들어와 환하게 피어났다

다시 눈 뜨게 된 삶,
목숨으로 약속한 책임감 한시도 잊을 수 없어
온 힘을 다해 내면과 외면이 평행선을 이루는
일직선의 선로 따라 열심히 달렸다

곧은 레일 위에서
궤도로 날리는 억척같은 열차,
팽팽한 심줄로 오늘도 쉬지 않고 달린다

# 한 사발의 한약

황혼이 깃드는 저물녘
독과 약을 구별하지 못해 휘감기는 갈등
한 사발의 한약처럼 나를 달이는 인내,
가슴이 쓰라리다

독이 약이 되고 약이 독이 되는 세상
진짜와 가짜가 뒤바뀌는 현실 앞에
쓰라린 뜨거움을 온몸으로 견디며
안간힘으로 고통을 쏟아내고 있다

내 안에 욕심을 들어내고 씻어 내야만
새로운 삶을 만들 수 있을 텐데
온 몸이 울음 주머니가 되어
터져 나온 통곡에 옆구리가 결린다

내 안에서 한 발짝도
움직이지 못하는 또 다른 나
적막한 어둠 속에서

한 줄기의 빛을 찾아 온전한 나를 찾는다

밑바닥까지 내려가야만
나를 찾을 수 있다면
바닥에 납작 엎드려 눈과 귀를 닫고
순종하고 침묵하며 인내한다

# 새의 붉은 지문

하늘 높이 날아가는
구름의 문양 속에
새들의 희미한 그림자를 본다

잊지 못할 기억 몸 깊숙이 새겨 넣으며
새끼들의 예행 연습을 위해
더 높이 공중으로 날아 오른 어미 새,

멀리 날아 갈수록 어스레한 빛 속에
눈에서 멀어져 가는 새끼의 그림자가
아스라하게 가슴 속에 스며든다

갈 곳 잃어,
나뭇가지에서 홀로 서성이는
새끼의 울음을 눈으로 듣는다

부러진 날갯죽지
어설픈 몸짓으로 간신히

푸르름을 향해 날아 오르는 새끼,

또 다시 예기치 못한 기류에 휩싸여
눈 바로 뜨지 못해
그림자로 암벽에 부딪혀 떨어질까

놀란 가슴,
지워지지 않는 붉은 지문을 남기며
벼랑 끝에서 새끼 새만 쳐다본다

| 경남 울산 출생 | 2009년 『다시올문학』으로 등단.

# 물의 중심 외 4편

이돈형

떨어지는 물의 중심은 전면에 있다
흐르기 위하여 온 중심을 전면으로 밀고 있는
물의 안간힘
물들은 중심을 전면에 두고 흐른다

멈출 수 없는 화두를 지닌 물의 숙명
저 폭포를 지나온 물은
능청스럽게 뼈들을 감추고 있다
뼈마디 마다 길들의 속성을 저장해놓고
밟히고 구겨져도 흩어지지 않기 위하여
중심을 전면에 두고 낙하하고 있다

어느 날 물의 광대뼈에 새겨진
가부좌를 튼 물의 눈을 본 적이 있었다
탯줄자국처럼 움푹 패인 곳에 박혀있던 물의 눈
나는 스스로 떠나온 유배지에서
물의 눈을 맞이하듯
폭포 속으로 달려들었다 나오기를 반복한다

밀려오는 파도의 전면처럼
떨어지는 폭포의 전면처럼
물은 그렇게 제 몸을 밀고 나갈 때 비로소 흐름이 되고
물이 되어 흐른다는 것은
내어 준 길을 무리 없이 따라 나서는 것
쉼 없이 응하는 것

투척처럼 떨어지고 있는 폭포 아래에서
흐름을 멈추고 와해된 나의 위태로움이
하얗게 질린 몸으로
다시 생존을 모색하고 있다
오직 손사래만 칠 줄 아는 흔들리던 중심을
내가 밀고 온 길의 목차들을
장대비처럼 물에게 따라주고 있다
나의 물관은 아직 상투적이지 않았으므로

## 막창, 막장

빈 호주머니도
큰 우주라고 휘저으며
아무렴 배고픈 사랑도 사랑이겠지
휘휘 젓다보면 웃음보 하나쯤 터져주겠지
허허虛虛
재래시장을 찾아간다

긴골목은다채울수없는내장이었고나는골목의막창쯤에서걸어들어갔다

덤은 심심찮게
거진거진 산 노파의 입에서 흘러나왔고
살아있는 것들은 죽을 수 없어서
죽어있는 것들은 죽음의 흔적마저 없애려고
알뜰하게 삶과 죽음을 사고파는 재래시장 통

요행의 덤으로 살아온 나는
죄송하게, 죄송하게

격렬하게 살다 간 고등어, 물오징어, 돼지머리의
부릅뜬 두 눈들을 알현謁見하고 있다

저 강인한 눈들 앞에
방석 깔고 큰절이라도 올리고 싶어진 나는
이생의 장터 막장쯤에 서있었다

멀뚱멀뚱한 내가 가려워지고 있다

# 재갈매기

비행의 순간 날개에서 쏟아지던 수화들
요령 없는 인사와 안부 속엔 내 이름 석 자도 있었다
우린 혹독한 겨울을 자벌레처럼 밀어내고 나서야
이 계절을 독립된 계절로, 저 혼자의 저녁으로 끌어와
불시착한 실족의 언어들을
군데군데 녹슨 나사처럼 박혀있는 불안들을
게걸스럽게 먹어 치우기 시작한다
나는 흐르고 너는 정지하여
당도하지 않은 미래에 허리를 굽힌다

우리의 바탕은 회색
그 누가 회색분자라 손가락질하여도
검정보다는 낫지 않은가
깨어나지 않는 어둠보다 낫지 않은가
불분명함 뒤엔 뾰족한 상상이 한 방향만을 고집하고 있어
뼛속까지 회색인들 어떠랴
그래서 유일한 저녁
고집의 맛이 아직은 떫은 생의 오후가

힘겹게 목을 젖히는 이 순간에도
진화의 발톱은 여전히 조금씩 깎아 나가고 있지 않은가

간발이란
밀거나 당길 수 없는 것이어서
여기서 잠시 인사를 나누자
우리의 인사법은 서로의 목젖을 보며 길을 복기하는 것
그리고 오직 두 날개의 판단에 긍정을 하자
뒤돌아보면 공중도 하나의 원이요
지상도 하나의 원이지 않는가
철새란 본시 인연의 입덧이 심할수록 회색분자가 되는 것
이제 오리무중인 손을 흔들어도 좋다

# 어느 측면에서 보면

참 어려운 일과다
사과나무가 붉어지는 시간까지

새가 날아갈 때 새똥은
잘잘못을 따지기 이전에 떨어진다
새똥이
사과의 얼굴로 떨어질 때
사과나무는
열매의 뿌리이며
사과의 주인행세를 하여도 된다

사과의 꿈이
붉음을 소유하고 있으면서도
늘 망설이다 개꿈만 꾸고 있는 구름을
진압하는 동안
사과는
새의 무리 속에서
새파랗게 똥을 싸고 있다

기가 찰 노릇이지만
스승의 마지막 말씀처럼
꿈을 챙기는 일이란
주문이 밀린 피자가게를 서성이다
맨 끝에서
긴 행렬의 눈치를 보는 일과 같았다

한동안
사과는 새파랗게 익어 갈 것이고
사과나무는 붉을 대로 붉어질 것이다

# 다음에

꼬리는
마지막 감정을 생각하고 있었다

우리는 난간의 웃음들을 떼어 내가며
스마일한 스타일을
변기통속에 집어넣고 물을 내렸다

방문객들은 일렬로 세워
달의 리본으로 쓰기로 하였다
그리고 테이블마다 앉아
귀뚜라미 울음소리로 맥주를 마셨다
리본이 마음에 들 때까지

시간이 지나면서
서로의 귀를 자르기도 하였다
우리가 내는 화음은
아무도 들어본 적 없어
누구의 귀도 의심하지 않기로 하였다

서로가 서로를 마실수록 우리는 흘러내렸고
가끔씩은 몸을 포개가며
내 결혼식에 참석하지 못한
나의 결혼식처럼
누가 먼저랄 것도 없이
줄을 서서 화장실에 다녀왔다

화장실의 비누처럼
우리의 꼬리는 흘러내리는 예언에만 흔들기로 하였다
우리가 늘 '다음에' 있듯이

| 충남 보령출생 | 2012년『애지』로 등단 | 대전시 서구 갈마동 경성큰마을A 125동 1101호 | 핸드폰 010-6401-7149 | 이메일 lee3388don@hanmail.net

# 사소한 것들을 위한 변명 외 2 편

## 이제야

봄에 받은 편지를 가을에서야 읽은 건
어울리는 음악을 찾지 못해서 그랬어요
어제 점심에 차려놓은 밥상을 오늘에서야 치운 건
맛있게 전화할 사람이 없어서 그랬어요
운동화를 신고도 폴짝폴짝 뛰지 못한 건
멋지게 넘어질 방법을 몰라서 그랬어요
눈이 내리는데 아직 여름옷을 입고 있는 건
닿아야 할 손이 아직 남아서 그랬어요
말을 할 줄 알아도 자꾸 쓰기만 하는 건
귀들이 너무 많아서 무서워서 그랬어요
그래서
그랬어요

# 영원한 귀가

하얀 아파트에 들어갑니다

201호에 문이 열려있네요 침대 위에 스카프가 누워 있습니다 잔인할 만큼 정확한 각도네요 거울도 없는 방에서 이것저것 걸쳐 보다가 나갔나 봅니다 301호에 문이 열려있네요 카우치 위에 러시아풍 덮개가 덮여 있습니다* 건조할 만큼 정확하게 접혀 있네요 바람도 불지 않은 오늘 아침에도 앉아 시집을 읽었나봅니다 401호에 문이 열려있네요 쟁반에 놓인 컵에 물이 반쯤 남았습니다 냉정할 만큼 절반이 남았네요 출렁이지도 않은 심장에 금방 수분을 넣었나봅니다 501호에 문이 열려있네요 화분에 영양제가 꽂혀 있습니다 지겨울 만큼 쪽쪽 다 먹었네요 죽지 않을 생명에 줄 밥을 사러 막 나갔나봅니다

이곳은 죽은 이의 박물관입니다 누구든지 오세요 지나가던 바람이 웃습니다 어제와 다르지 않은지 물으면서 501호 화분이 웃습니다 난초에는 가을이 오지 않는다면서 나는 방 주인의 귀가를 기다립니다

* 우르스 비트머, 『아버지의 책』.

# 엇박자의 키스

쓱쓱 엇박자를 타는 여자가 걸어요
1-, 2, 3-, 4, 5-, 6
땅과 오래 입맞춤해요
또각또각 하이힐을 신은 당신이 앞지르네요
1, 2, 3, 4, 5, 6
땅을 정확한 속도로 떠나죠
엇박자 여자는 그래도 좋아요
점점 입맞춤이 길어져도

아안녀엉하아세에요오
엇박자를 타는 여자가 신문 배달부에게 인사해요
아아안녀어어엉
420번지 꽃집에 사는 꽃들이 웃어요
이어폰으로 주식을 듣는 당신이 앞지르네요
엇박자 여자는 그래도 좋아요
매일 입이 언 발음이라도

무엇이 빠르고 느린지

당신 걸음과 시들어가는 꽃은
절름발이 여자 걸음과 다시 피는 꽃은

| 한양대 신문방송학과 졸업 | 2012년 『애지』로 등단 | 산문집 『안녕, 오늘』, 『그곳과 사귀다』 | 서울시 관악구 신림동 1432-1번지 영지오피스텔 803호 | 010-2675-8500 | 이메일 melodyday@hanmail.net

# 천외천天外天 외 2편

정동재

물론 시대가 낳은 허풍선이겠지만
하늘 밖 하늘을 품은 여자들이 요즘은 주류라고 합니다
골동품을 진열한 인사동 골목을 지나다 사군자가 양각된 은장도에서
주검을 이끌어내는 상투 튼 일월의 당시 결단을 읽고 맙니다
풍운아와 풍류객 사이를 오가다 백지 한 장 차이가 무섭다고 그 중 하나
매의 눈으로 나를 봅니다
전생에 나라라도 구한 것일까 자문하는데 눈빛이 역시나
순박하던 열여덟 전생을 닮았습니다
도박에 미친 서방을 기다리는
삼십 후반 처제의 일상은 오뉴월 바람에도 몇 년째 매화꽃이 만발한대요
귀 따가운 꽃향에 잠을 깨면
굳게 닫힌 건넛방 마누라의 별세계는 연신 통화 중입니다
프로펠러를 달고 달려온 바람의 머리를 닦아 주다
수건에 번지는 것은 절은 기름때

얼룩을 걷어내는 나의 일상은
온통 바람문양으로 장식된 빌딩 숲 속에서 한 페이지조차 넘어가지 못합니다
내내 아니라고 우기다가도 한 생도 너무 긴 것인지
바람을 타고 밀려드는 황사에 눈 비비고 보면 과거지사 언제 그랬냐는 듯이 점점
독기 품은 하늘이 버티고 선 요즘입니다
예언서들의 숨겨진 공통분모는 대체로 흐렸다가 맑아짐
정말 이러다 자고 일어나면 새 하늘이 열려있을지도 모를 일입니다
남자도 가슴 깊이 숨겨둔 은장도를 만지작거리다
다시 집어넣어야 할 때가 잦습니다
날 선 화색에 무참히 베인 상실감에도 그것이 최선의 상책입니다 말인즉
천 번의 다독으로 눈 맞춰온 철학적 시선만으로는 현실감은
턱없이 부족합니다 먹어야 사는데 턱이 없음 입니다
그러므로 잘 익은 매실주 앞에 오바이트를 마지막으로

쏟던 느낌으로
다시 더듬거립니다
낡아진 인형에 경전에서 꺼낸 해부도를 재조립해 준비해놓은 혼불을 지피다
뜬눈으로 지새우는 밤이곤 합니다
아직까진 안으로, 안으로, 바람은 매일 운행하고요
바람은 유성처럼 꼬리를 보이므로 천행입니다
선정에 들었다는 도솔천도 약속한 듯 매일 울다 가고요
입맛에 따라 골라 먹을 하늘이 많아 씹는 소리 또한 모두 신바람입니다

## 상강霜降 무렵

간밤 된서리에 애호박 매단 호박꽃 동사 장면 보았습니다
제 어린 시절 일손 부족해 남겨진 한 폭 풍경화이기도 한데요
초야 치르다 봉변당한 호박꽃 부부, 성자에게는
미안해할 일일지도 모르겠습니다만
칼바람 속 고춧잎 훑던 부모님에 붉게 상기된 두 뺨이 또한 그려졌는데요
지천으로 베인 향기가 제과점 앞 빵 굽는 냄새보다 더 코끝 찡하고 벌렁벌렁해지지 뭡니까

사람 산다는 게 한철로 끝나지 않아 다행입니다
낼모레면 서리 내려 제 눈썹도 희어질 텐데요
벌써 노안이 오는 것인지
풍덩 젖무덤에 빠져 별들의 총명한 젖꼭지를 입에 무는 일은
대수롭지 않은 일이 아닙니다

내일도 지구는 사멸치 않을 테니 겨우내 고추장아찌에

호박 꼬지를 허물어 먹어야겠습니다
　내 부모도 딱히 아니면서 이맘쯤 천지의 채색은
　응석과 태만과 기고만장에 매서운 회초리 드는 서릿발
같은
　부모님을 닮았습니다

# 직립에 관한 보고서

문자 탄생 이전의 신생대부터 평행선을 깨트리며
하늘을 이고 땅을 밟고 섰다
기다가 서는 것은 사람인데
밤에는 땅에 눕고 하늘에 덮여서 잠든다
형이상학을 모르는지 꿈꾸는 사이 바퀴벌레가 살점을 물어뜯었다
일어선다는 것은 썩지 않겠다는 반전의 뜻인가?
하늘과 땅이 몸에 지펴 신령스러운 한 생 수직을 도모한다

구부렸다가 잠시 핀 허리
이마에 구슬땀 식혀주고 가는 시원한 바람 한 점,
머물러 앉은 곳에 피어나는 구름 한 점,
부지런히 유람하다 쉬어가는 비 내리는 고요한 마을 풍경
생의 갈피들을 넘기며 활동사진처럼 엮어지는 경전
봄비 맞고 자라는 고사리 두릅부터
아장아장 걷는 아가의 걸음걸이까지 일어서는 모든 것들
다른 입안으로 흘러가는 유두가 된다
돌아서며 외면하는 순간

날카로운 이빨과 손톱을 세우고 달려드는 맹수가 된다 동시에
풀을 뜯다 도주하는 고라니 떼가 된다
개떼처럼 달려들어 자빠진 저 사람 두 다리 버둥거리며 눈물 글썽이고 있다
바닥이 요동친다

천국이 멀리 있지 않았으므로 마음은 다가가 이미 손 내밀고 있다
우물쭈물 발걸음 잘 떼지도 못하는데 앞서 간
마음만 천국이다

| 2012년 『애지』로 등단 | 경기도 김포시 양촌면 양곡리 1248번지 602동 1205호 | 핸드폰 010-7736-7230 | 이메일 qufdlthsus@daum.net

# 벽1 외 2편

정해영

내가 지니기엔
너무 큰 것
어디 둘 곳이 없다

마음 속에도
큰 가방 안에도
들지 못하는
그것

자르거나
접을 수 없는

오 덩치 큰 이 事實

뉘엿뉘엿한 거리를
함께 걷는다

# 사투리

톡, 떨어지면
그 환한 속이 보여야 하거늘
껍질이 투박한 견과류 같다

강물과 바람, 그리고 햇빛이
수백년 키워 낸
말의 나뭇가지에 달린 열매들
울퉁불퉁 얼룩덜룩하지만
그곳 사람들만 맛을 알아

돌아가신 할머니의
입맛에도 맞았던
구수한 열매들

# 오래된 맛

원래 통째인
묵은 지 한포기를 꺼내
징금징금 썰어놓는다
간격이 고르지 못하다
짓이기듯 울부짖음이 토막 난다
쫓기듯 달아난 자의
발자국 같다

온몸으로
평생을 삭힌
군둥내 나는 몸, 종군 위안부
이남이 할머니의
아직 지혈되지 않은 아픔
붉고 시그러운 국물이
뚝뚝 떨어진다

| 2009년 『애지』로 등단 | 대구 광역시 수성구 수성4가 수성하이츠 104동 702호 | 핸드폰 010-4121-5161 | 이메일 haeyoung@123@yahoo.co.kr

# 關이라는 글자에서 관계를 보다 외 2편

조명희

묶을 수도 없고 가두기도 난해한 저기
關이 보인다
門이 열린다, 서서히

벌어진 틈새 한 여자가 보인다
채워진 만큼 뒤로 물러 앉아
북에 꿰어지는 실
코흘리개들 뒤척일 때마다
덩달아 잠자리 비트는 아낙
남정네 집 비운 문간 옆에서
소의 코뚜레가 벌렁벌렁
두어 필 베 짜는 동안
명태 코다리 처마 밑에서 그림자 늘인다

행방이 묘연한 건 문지방너머만이 아닐 터
집안 어디에도 여자는 없다
씨로 남기에는 이미 약해져 버렸나, 씨줄
날개라도 달아줄 걸 그랬나, 날줄

우리가 한때 엉켰다는 사실마저 외면하는
지금의 관계라는 말

덜컹이는 문틈을 비집고
그는 왔다, 닳아빠진 문턱을 넘는다
감싸주고 덮어주고 관계하고
간극을 오가던 북
밤새 사방연속무늬를 만들었다
씨줄을 덮은 날줄의 물방울무늬

門이 닫힌다, 아주 빨리
관계자들 꼭대기층 버튼을 누른다
최대 중량 800kg
엘리베이터는 더 이상 먹어치울 틈이 없다

# 썩을 놈

만만허기가 꼭 홍에좆 같다는 말 들어보셨는게라? 나주 평야를 따라 쭈욱 가다보믄 영산포라는, 쿰쿰한 홍에 삭은 냄시에 코가 절로 벌룸거리는 마을이 있지라. 잡것들! 남세시럽게 가르쟁이 쩍 벌리고 드러누워 있는 본새 허고는, 그것들 거시기는 어따 내불고 만만한 놈이 돼부렀는지 겁나게 껄쩍찌근 허드라 이 말이여라.

말인즉슨 홍에는 수놈보다 암놈이 맛도 좋아 밸시럽게 비싼 몸으로 팔린다는디, 수놈의 거시기는 징허게 크기도 헌 것이 꺼시럭까지 짱짱허드만요. 뱃사람들은 걸그적거리는 오살것을 모지락시럽게 잘라 내버렸다는디, 아따! 그 망측스런 것들이 널브러져 있응께 오다 가다 발길질에 툭, 만만한 놈이 돼버렸다는 것이지라.

알다가도 모를 일은 요 아래 어촌계장댁 아들놈이여라. 느즈막에 씨 하나 받았다고 여간 귀허게 키웠간디요. 대처에서 대학도 댕기고 취직도 잘해갔다 안헙디요. 그집 양반 어깨 좀 펴고 댕겼어라. 아, 근디! 얼마 전 즤 아부지 칠순

이람서 댕겨 가는디. 허여멀건 얼굴에 역겨운 지분 냄시가 영락없이 홍에드라 이 말이여라.

너부데데한 넙덕지 살랑대는 모냥새땜시 다들 눈 어따 둘 지 모르고 애먼 홍에 접시만 파고 들더랑께. 염빙할 물렁뼈는 어쩌자고 글케나 녹아나는지. 가스나도 머스마도 아닌 것에 빼겁시 내가 다 짠해지는디. 애 녹이고 곱 늘려 바다를 통째로 토해내는 저 썩을 놈!

# 불가근 불가원

화장을 멈췄지 손톱을 잘라야했어 똑, 똑, 눈치밥 튕겨져 나간 구석 그곳에서 유년의 언니를 끌어냈어 언니와 난 곧잘 싸웠지 눈썹을 할퀴던 날 엄마는 생명선을 잘랐다며 언니의 손에 가위를 들이댔어 시퍼런 날보다 엄마의 가슴에 맺힌 바늘에 겁이 났어 푸르르 그녀의 가슴에서 바람이 빠져 나가고 있었어 가위눌린 꿈을 꿀 때면 가족의 손톱부터 챙기던 엄마 계집애들의 미래를 점치곤 했던 거야 가출을 일삼던 손가락은 점점 자라났어 어디든 처박혀야 했지

유모와 나*, 젖을 물리고 있는 가상의 실체 불신의 관계에선 잔머리만 성황리에 자라지 유선의 근원이 탯줄이란 걸 거부해 배꼽의 보관법을 수유기부터 터득했듯 곧 제물로 바쳐질 거라는 것쯤 느낌으로도 간파했지 쭈글쭈글 엄마는 어디로 갔을까? 줄기세포는 난치병 치료제가 아니었어 휘감아오는 손, 손의 기착지엔 공활한 기류만 난무해 아직도 가슴은 콩 · 닥 · 콩 · 닥 · 증폭된 불안에 갈 · 팡 · 질 · 팡 · 브래지어는 절벽을 위장하기 좋은 도구 두루두루 기념일 선물로 추천할게

가까이서 더 멀리
멀리서 더 가까이

소매치기를 당했다 주민등록증 속 자유로움, 국민카드에 발목 잡히고서야 지하상가표로 향했다 숄더백에 나를 밀어 넣었다 대로변의 봉변이 매조지됐다 도난방지시스템 비밀번호, 빗장뼈로 견고한 어깨를 채운다

* 프리다 칼로의 그림.

| 전북 김제 출생 | 2012년 『시사사』 신인상 수상 | 대전광역시 서구 도마동 22-42 | 핸드폰 010-2566-3037 | 이메일 ddo6408@hanmail.net

# 순간의 미학 외 4편

조영심

날아간 탁구공 2.5그램
둥근 무게의 정점이 한순간
허공에 걸려 있다

한때 누군가를 사랑한 내 마음도
살짝 중력의 법칙을 거스르며 저렇게 중심 잡았지만
허점虛點, 이었다
최대의 수비가 최선의 공격이라 여기며
팽팽한 시선을 꽂았어도

저이는 내 빈 곳을 환히 읽고 있다

안보다 밖에서 더 빤히 드러나는
왼쪽 혹은 오른쪽 비어 있는 옆구리의 약점을
넘겨받은 공을 길고 짧게 되넘기는 강약과
속이지 못할 힘과 마음의 분배를

폭도 길이도 없이 우리의 시작과 끝이 만나던

인연이라는 테이블 위
솟아오르다 떨어지려고 딱 방향을 틀던
거기

둘 중 하나였겠지만 그와 나는 한 호흡도
누군가 정확하게 후려쳤지

빈 점이 빈 공간을 만나 멈춰선 자리에

퍼뜩!

피어나는 둥근 꽃

# 길들지 않는 새*

바람 난 처녀의 날개로
닫힌 허공을 난다

곧추서서 발 구르다 외면하듯 돌아서
날파람을 타는 플라맹고

층층 레이스 바람을 담고 살래살래 깃을 다듬지 새빨간 입술과 간들거리는 혀로 한 겹씩 헛바람의 결을 고르지 깃털 속 잰 바람을 부리로 다독여 바람결 묵은 흔적을 다지지 누구에게나 지병의 내력은 있어 바람 없이도 휘둘리는 왜바람을 타지 타는 갈증에 몸부림치지

돌개바람 속에서는 한 점에 힘을 모아야 하는 법이지 쫓기던 벼랑 끝 피할 수 없는 맞바람엔 갈기마다 바람 길 내어주고 숨결을 죽이지 막다른 골목, 숨이 깔딱 넘어갈 것 같아도 어금니 앙다물고 두 눈을 감으면 돼 거센 용오름도 눈 깜짝할 사이지

저음으로 뜯는 기타소리는 왜 이리 아픈가
이 흘레바람은 또 어디서 비를 몰고 오려는지
울컥 목술잡고 올라오는 젖은 바람

낯선 선술집에서
명지바람 탄 정지비행으로 너는 지금
잊힌 이름들로 꽉 찬 허공을 또 길들이려 하는가

* 비제의 카르멘 하바넬라에서 차용.

# 혀, 날개를 달다

일어서지 않는 문장이 내 속에 있어

말랑말랑한 혀에 날개를 달면

앉아서도 서서도 난다 입술 달싹이다 콧바람으로 난다 더듬거리다 파닥 파닥 숨 골라 난다 음과 음 사이 폴짝거리다 구문의 맥을 잡고 난다 사방으로 부딪히다 혀 부리 살짝 엥기며 철없이 콧노래 실어 난다 날다가 엉겁결에 손짓 발짓 얼 맞추고 혓바닥 굴려 토박이로 난다 귀한 외제 날개 한 벌 얻으려 애비의 날개 꺾은 어미의 눈물바람으로 난다 바람 없이도

혀는 날개로 생각하고 날개로 꿈꾼다
혀 부리에 날개 돋아
내 삶의 낡은 기호들 날아가고
저기 하늘에 파삭파삭한 별 부스러기
떨어져 입 안 가득 고인다

온몸 악기로 우는 날
내 글발의 탄생석은 생겨나고 또
부서져 날아가고

말 문 트여
갇혔던 문장들 날아가고

# 소섬* 가자

날이 맑거든
나를 탓하는 나여 소섬, 소섬 가자
성산 종달리 첫배 타고 뱃길 십리
여물 씹고 되새김질하는 저문 해를 보러

거기에선
탈 것 들 것 다 버리기 서두르기도 없기
소걸음으로 뚜벅뚜벅 눌러 밟기
섶머리에서 톨칸이까지

한 호흡에 한 바람소리 산호 모실내기 모래소리 길섶 꽃무리 납작 뿌리 내리는 소리 높고 낮은 돌담들 바람 고르는 소리 생의 불자리 지켜온 불턱 옴팡진 소리 물 숨 다 써버린 해녀들 몰아쉬는 숨비 소리 뜨거운 속 식히려 바닷물에 몸담고 뒤척이는 검은 불덩이소리 한 걸음씩 몸을 옮기는 발자국소리

소섬, 소섬 들리면

네 탓 내 탓도 아니게 막배를 놓치고
소리치리라 음 무 우
날 저문 뱃길을 끊고 주저앉자
환한 하늘 길을 울어 주리라

* 제주특별자치도 제주시 우도면.

## 말 달리자

수상한 머릿장단이여
맺고 풀 것도 없이 빈 말의 고삐를 휘어잡고 굿판을 짜는
상쇠 중의 상쇠*여

옛말 그른데 하나도 없어 입은 비뚤어져도 말은 바로 하랬다고 천 냥 빚을 말 한 자루로 다 갚을까 낮말은 새가 듣고 밤말은 쥐가 듣는다 쳐도 발 없는 말이 어느 세월에 천리 갈까 싶었지 글 속에 글 있듯 말 속에 말이 있어 말이 말을 만들어 가는 그물망, 클릭 한 번이면 이 마당에서 놀던 말이 눈 깜빡할 사이에 저 마당에서 뛰는
숱한 말들의 순간이동이여

hey hey hey 마당을 눌러 밟는 내드름이여
달리는 말에 채찍질하는 입장단 oh oh oh
굿판 허두잽이들과 굼실굼실 오금질 좋은
가락 결 다드래기로 꼴딱 넘기는 솜씨여

이쪽저쪽 가를 것 없고 니 것 내 것 나눌 것 없이

한판 신나게 놀아보자고 갈 데까지 가보자고
말 없는 말을 한 통속으로 몰아가는 기운 체여

내 오래 묵었던 배고픔과 서러움도
외로움과 곤곤한 일상을 불쏘시게 삼아
에루아 에루얼싸 장단 쳐대고
몸 속 신명이나 있거든 오대양 육대주로 끌어내주렴

* 싸이 '강남스타일' 뮤직비디오 공개 160일 만에 10억 뷰 돌파. 세계 역대 1위 기록.

| 2007년『애지』등단 | 시집『담을 헐다』| 전남 여수시 여문2로 여수정보과학고등학교 연수실 |
핸드폰 010-8646-6639 | 이메일 titirangs@hanmail.net

# 비 오는 날의 독백 외 2편

조옥엽

내 영혼은 달리는 물음표
날마다 탈출을 꿈꿔요

빗방울이 참아왔던 말을
유리창에 말줄임표로 감출 때

거리엔 구름의 거침없는 신명조체 문장이 흘러넘치고
나는 그 행간을 물총새처럼 끼어 다녀요

머리에서 발끝까지 젖어버린 오후
아무도 태양의 위치 궁금해 하지 않듯

풀잎처럼 꽃잎처럼
축축함 머금은 채 빛을 삼키고

무심한 도시의 한 귀퉁이에 주저앉아
하릴없이 꿈의 화신 데려다 놓고

고흐의 잘린 귀를 생각하지요
릴케의 고독한 표정 탐구하지요

날이 갈수록 낯설어지는 혼돈의 세상에서

오늘도 내일도 내가 간절히 원하는 것은
크시코스의 우편마차를 타고 숲속을 헤매다 길을 잃는 것

농밀했던 사람들의 마얄마얄한 눈길에
문득문득 외로워질 때면

홀로 자신을 키워 가는 들녘의 수국을
다육이의 목소리를 떠올리지요

디스크 걸린 경비 아저씨의 불안정한 허리와
남편의 굵은 눈썹이 꿈틀거리며 다가오는데

아직도 마침표 찾지 못한 내 혼은
어디서 꾸역꾸역 어둠 집어삼키고 있는지

# 땡감

이슬받이 가로 막고 떡하니 버텨 선 땡감 하나 어디서 많이 본 듯 밤볼 진 얼굴에 아망 가득 여차하면 줄통뽑을 듯 씩씩대는 당차고 야무진 품세, 잘쏙한 산허리 파고들어 제비집처럼 따닥따닥 붙어선 판자촌엔 지붕 숫자보다 여남은 살 먹은 사내아이 수가 몇 배 더 많아 틈만 나면 수룩지어 골목 휩쓸고 다니며 틀개 놓기 일쑤 고추바람 거세게 소용돌이 칠 때면 도파니 민틋한 한터로 몰려가 진진한 찜뿌하느라 온 들녘 들었다 놨다 하늘 끝까지라도 공 쳐올릴 듯 칩뜨며 따울따울 웍더글덕더글 저녁 짓는 연기 뭉글뭉글 마을 어귀 돌아 사리사리 퍼져 나가면 집집마다 놈들 불러들이는 어미들의 목청 잔자로운 저수지 물결 건드릴 듯 말 듯 빠르게 굴러 가다 맨발로 첨벙첨벙 물속으로 뛰어들고 애꿎은 청둥오리들만 화들짝 놀라 파드득파드득 자리 뜰 뿐 마이동풍, 드디어 우럭우럭해진 아베 갈퀴눈 짓부릅뜨고 을러방망이 휘두를 듯 쫓아 나오면 실뚱머룩 부개비잡혀 집안으로 끌려 들어가면서도 헐금씨금하던 험부리들이 오늘 수년 전 모습 그대로 당당히 내 앞 가로막고 서서 별이쩍게 치렛말 건넨다 그동안 별고 없었단 가요?

# 붕새

조붓한 논틀밭틀 돌아 돌아가면 파르스름한 힘줄에 간신히 매달려 바람에게 길을 묻는 요요한 나팔꽃 송이 송이들

바람의 날개 타고 날아와 낯선 땅 향해 고개 내민 순간 보리밭 출렁이듯 밀려들던 막막함이 탯줄 꺾인 자리처럼 아직도 생생하게 살아 꿈틀꿈틀

뜬금없이 예까지 기어들었다고 시로 때로 들때리던 눈총 눈물로 삼키며 캄캄한 들녘에서 달빛 한 모금 별빛 한 숟갈로 근근이 연명해온 목숨

새들이 공중에 그린 무수한 악보와 땅 밑에 숨어 우는 벌레들의 문장 실핏줄 타고 퍼져 나가면

꼬부라진 허리 쑥부쟁이 척추에 기대 용케 중심 잡고 내장 깊숙한 곳에서 탄식 퍼 올리듯 피어낸 꽃들

주체할 수 없이 터져 나오는 뜨거운 불꽃의 비명에 온몸

## 불사르던 시간들

영원하리라 굳게 믿었던 순간들은 음미할 틈도 없이 댕댕 울리는 종소리 어쩌지 못하고 엄동설한 그믐달처럼 사느랍게 들피진 삭신

마지막 숨 헐떡거리며 비영비영 신음하다 사력 다해 간들거리는 촛불 하나 켜고 아칫아칫 허영허영 5리쯤 가다 또 하나 켜들고

그래도 아쉬워 지칫지칫 머뭇거리는 순간 제 안의 용트림으로 기적처럼 삐져나오는 수들수들 허시머시한 꽃송이 하나 마침내 생의 종지부 찍는 찰라

붕새의 날개 감춘 여자 하나 번개 치듯 순식간에 하늘로 솟구쳐 훨훨

| 2010년 『애지』로 등단 | 순천대학교 국어국문학과 수료 | 전남 순천시 용당동 삼성A. 4동 202호
| 핸드폰 011-9434-3328 | 이메일 chookyup@hanmail.net

# 시인의 잠꼬대 외 2편

조재형

현금 만원의 시집 한 권
사과상자에 채워 거래하면 어떨까

대포폰으로 쏟아지는 급한 주문들
출판사는 정기 시낭송회도 걸러야겠지
재판 삼판 옵셋에 무양무양한 주간님도 휘파람을 불어
대리라
난데없는 철야에 벼룩잠 졸던 별들도 기웃거리겠지
잉크도 마르지 않은 채 달려온 고것들
비자금처럼 빳빳이 지하주차장에 배송되리
통 큰 사장님은 차떼기로 건네주겠지
관계기관 모모 인사에게 뿌려지는 공물들
따끈따끈한 시집박스들이 윗선에 상납되는 거다
왕고래를 포획하러 압수수색을 나선 특수부 관원들
모갯돈 다발 대신 시집 다발을 찾아들고 허탈하겠지
비장부 대신 시선목록 보고 망연자실 하리라
달러 뭉치를 발견 못한 그들은 내사종결을 서두르겠지
신종 부패 고리 보고서 한 장쯤은 남기리라

은밀한 현금 보다 내밀한 대용 시집
사뜻한 제안을 경향각지에 띄운 지 수 삼년
본숭만숭 스팸메일로 반송되는 견적서들
백 년 후 내 꿈이 깨기 전 주문 폭주하는 날이 오겠지

## 黙讀

당신을 읽는 중입니다
읽을수록 손을 놓을 수 없어요
앙가슴에 고인 설렘으로
그리움을 넘기고 또 넘깁니다
모음으로 된 당신의 미소
자음으로 된 당신의 눈물
감탄 부호로 찍힌 당신의 음성
수억 개 관문을 뚫고 입성한 내게
가장 잘한 일을 묻거든
당신삼매경을 꼽을 것입니다
언제일까요
폐문 시간을 맞이하는 날
돌연 이곳을 나서야 할 것이지만
당신이라는 양서를 택한 나는
행복한 司書입니다
차마 소리를 내서는 읽을 수 없어요
누군가 당신을 복제할까봐
아무도 모르게 아무도 모르게

마음으로만 필사하는
당신이라는/ 오래된/ 책 한 권

## 상견례

수도원이 직영하는 바닷가 어린이집

부모를 잃고 위탁된 꼬마 원생 둘

총총걸음 두 손을 공손히 모으고는

원장 수녀님과 맞절을 합니다

하늘과 땅 사이 동아리를 이루니

높고 낮음이 따로 없습니다

명장면을 포착한 하늘나라 햇살 특파원

반짝반짝 노을 플래시를 터뜨리는군요

마감 시간을 앞둔 수평선 편집국

갈매기 타자수며 뱃고동 소리 분주하고

철썩철썩 너울 파도 윤전기를 가동 중이네요

천국에 특종으로 전송하려는 모양입니다

| 2011년 『시문학』 등단 | 시집 『지문을 수배하다』 | 전라북도 정읍시 상동중앙로 62-16 303동 305호 (상동 현대3차아파트) | 핸드폰 010-9448-8800 | 이메일 yosepj@hanmail.net

# 가시 외 4편

홍종빈

벌초를 하다 문득, 양손을
관 밖에 내보이며 간 알렉산더 대왕을 생각한다
베어도, 베어내도 다시 돋아나는 아까시나무가
무덤의 늑골 속에서 뻗어 나와
알렉산더 대왕의 손처럼 내밀고 있다
무덤이 내미는 손,
아무것도 쥔 것 없이
가시만 움켜쥔 빈손이
낫을 쥔 나의 손과 맞서서
급소를 노리고 있다
저승에서 다시 손으로 거머쥔 것은
부드러운 바람의 노래가 아니라
이승의 삶에서 익힌 빳빳한 독기였던가
찔릴수록 더욱 모질게 도려내는 내 손과
낫날이 속살을 파고들수록
더욱 파랗게 독기를 내뿜는 무덤의 손,
내미는 족족 베어지는 손이지만
그 빈손의 뿌리는

까마득한 흙속에 숨어 독한 가시를 키우고 있다
이승의 손으로는 도저히 베어낼 수 없는
가시의 뿌리가
내 생의 한쪽을 깊숙이 찔러온다.

## 바람개비

나는 바람개비다.
빨간, 파란, 노란, 흰 종이로
색색이 접힌 바람개비였다.
내쳐 달릴 때마다
내 날개는 각각의 훈풍을 안고
각각의 빛깔로 돌았다.

1950년 그해 여름, 내 일곱 살의 정수리에 천둥번개가 치고 비바람이 몰아쳤다. 흠뻑 젖은 내 날개는 포연을 안고 돌아야 했다. 무참히 나를 할퀴고 간 비바람, 날 선 발톱에 할퀴어본 사람은 안다. 그것이 무엇을 남기는가를, 지울 수 없는 상처를 안고 부러질 듯이 돌아야 했다. 오로지 주어진 방향으로만 돌아야 했다. 정해진 색깔로만 멍들었다. 내 일곱 살을 두고 새빨갛게 피칠을 했다가, 새파랗게 질리게 했다가, 끝내 샛노란 그리움으로 돌리는 그 비바람,

60년이 훌쩍 지난 지금도 나는 바람개비다.
때로는 비린 바닷바람을 안고

저물녘 들판에서 불어오는 들바람을 안고
낙동강을 건너오는 강바람을 안고
덜커덩거리며 돌고 있는 바람개비다.

# 바람의 무덤

유학산 기슭 다부원에 바람이 분다
철쭉꽃 지천으로 진다
바람이 진다
피비린내 나는 바람이 진다
무덕무덕 핀 6월의 바람에는 통곡이 묻든 채
뚝, 뚝, 철쭉꽃으로 진다
두 동강 난 산하를 휘돌아 온 바람이
가지마다 송이송이 피울음으로 피었다 지는 것이다
저 애잔한 자태도 향기도 바람이다
가슴 설레던 속삭임도 자진 북소리도 다 두고
제 혼자 꾸덕꾸덕 말라가는 바람,
한 시절 내내
제 생살 물어뜯으며 피었던 바람이 끝내
울음으로 지는 핏빛 적멸,
그 끝에 내가 있다

## 섬뜩한 저항

투명한 몸짓으로 저항하고 있다
젓가락 끝에 집힌 빙어가
제 한 생이 통째로 으깨지는 최후의 순간까지
마알간 속을 내보이며 저항하고 있다
한 올 타협의 여지도 없이
오직 순수만 고집하는 그로서는
제 영혼의 밑바닥까지 다 까발려도 한 점 부끄럼 없는
순수의 긍지 하나에 목숨을 걸었다는 거다
혼돈의 시대에 휘말려 끝내
신념 하나에 매달려 으깨져 간 양심수들이 그랬고
너덜거리는 가난을 견디다 못해 차라리
제 분신을 품고 15층 아래로 으깨져 간 어미의 선택이 그랬다
오로지 조국의 독립 하나만 가슴 깊이 품은 채
타국의 외로운 별이 된 내 외할아버지가
저 젓가락 끝의 빙어처럼 송두리째 으깨질 줄 알면서도
끝까지 지킬 수밖에 없었던 그것,
감히 아무나 흉내 낼 수 없이 옹골찬 그 지조로

흙탕물에 빌붙어 사는 미꾸라지에게
등골 섬뜩하게 꾸짖고 있다

# 씨 뿌리는 봄날의 풍경

낙동강 강가에서
마흔을 갓 넘긴 상복의 여인이
유골을 뿌리고 있다.
4월의 햇살에 꽃가루처럼 흩어지는 유골,
수면에 잠시 수피水皮로 떠돌더니
물결 속으로 빨려든다.
가슴에 고여 있던 눈물이
비로소 긴 강물이 되어 흐른다.

낙동강 둔치에서
일흔을 넘긴 농부가 허리를 굽힌 채
씨앗을 뿌리고 있다.
농부의 굽은 등 위로
4월의 햇살이 꽃가루처럼 쏟아지고 있다.
농부의 손에서 뿌려지는 씨앗,
햇살 아래 슬쩍 몸을 뒤척이다가
흙 속으로 묻혀간다.
흙속에 묻혀

비로소 한 생이 길을 열어가기 시작한다.

멀리서 바라보면
강물과 둔치의 경계는 허물어져 있다.
물빛과 흙빛의 경계도 어느새 허공처럼 흐려져 있다.
유골을 뿌리는 여인과 농부가
봄날의 햇살 속에서 아른거리더니
기어이 한 무더기 아지랑이로 피어오른다.

뼛가루가 뿌려져 씨앗이 되고
씨앗이 뿌려져 뼛가루가 되는 것이다.

삶과 죽음이 가루로 뿌려져 하나의 뿌리로 묻히는 것을
먼 풍경으로 보는 봄날이다.

| 경북 왜관 출생 | 문학저널 신인상 등단 | 대구문인협회 회원, 경북문인협회 회원, 칠곡문인협회 회원, 21C문인협회 회원, 애지문학회 회원 | 구상문학관시나루 동인 | 저서『특수가축』,『흑염소 사양관리』,『흑염소 사양기술』| 시집『2인3각』,『 가시』| 경북 칠곡군 왜관읍 구상길 180 삼성A 104/602 | 집 054-971-3268 | 핸드폰 011-9593-3268 | 이메일 hjb3268@hanmail.net

# 그림자 도둑 외 4편

황경숙

땅속에서 별을 캐는 날
우산은 왜 자꾸 나를 바닥으로 밀어 넣는가
지구 반대편 저 아래에서 발바닥을 밀고 올라오는 빗방울은

거꾸로 서서 머리카락으로 걷는다
너는 또 분수처럼 나를 들어 올리고
빗소리에 겨운 작은 새를 울린다
나무 허리에 웃자란 넝쿨처럼 점박이 고양이를 울린다
노래하지 않고 발톱을 세우지 않고
서로가 서로를 우는 저녁
구름은 흘러내린다
얼룩을 울음으로 씻으며 별의 무게를 안고

우연히 발견된 저녁의 표정
다시는 울지 않을 얼굴로 끊임없이 자신을 훔친다
어둠은 빗방울의 방점을 지우고
새와 고양이 간극 사이로 언뜻 농담濃淡을 치는

빗소리 핑계 삼아 크게 울어보는 저녁

지 너머에도 없는 나와 여기에 없는 네가
걸음을 멈춘 그림자와 맞닥뜨리는

# 구름과 거품으로 지은

거품을 뭉쳐 지은 계단을 오르니
구름으로 쌓은 부도浮屠가 떠 있다

당신은 물 위를 걷는다 하고 나는
시간이 오래 재워 둔 그늘을 밟는다 하는데
바람은 이제 막 물들기 시작한 덤불 속으로 안긴다

물끄러미 관계를 묻는 탑에 핀 이끼를 보며
단청의 무늬처럼 직설적으로 대답하는 당신
나는 애써 까칠하고 단단한 소나무 등걸의 아득한
뿌리에 눈빛을 감춘다

저물녘 복숭아 빛 그 가없는 숲을 지나며
거품과 구름만으로도
또 다른 생을 지을 수 있을까, 따로 또 같이
묻고 답하며 잡은 손
구름밭으로 이끌려간다

부도가 대웅전 앞 탑보다 화려하다며
죽은 뒤 어디에 묻힐까를 묻지 마세요

더는 못 돌아보는 모퉁이 없는 숲 그늘에서
거품과 구름으로 지은 생이 지금 다가오고 있어요

# 가짜 정원사

굳이 떠날 필요는 없어
단지 여기에서 벗어나기 위해서라면

당신의 물리학으로는
이 꽃밭은 언제나 겨울

오늘의 알리바이를 위해 당신과 나의 그림자 사이
당신은 노란 장미의 꽃말을
나는 흐트러져버린 엉겅퀴의 전설을 심어요

전화와 메시지를 삼키면
흙속으로 꺼져 버린 당신의 목소리와 지문
씨감자 순처럼 돋아나요
그럴 때마다 거칠게 자라나는 잡초 같은 자존심
바람도 햇볕도 전지가위를 들고 달려오네요

도덕적인 당신의 봄은 우연처럼 다시 오고
어제의 꽃을 잊고 또 다른 봄을 심으면

세상에서 가장 먼 꽃받침에 가 닿을 수 있을까요

당신은 배곯은 검은 개를 키우고
나는 입 없는 하루살이를 키워요

## 소설 라이트

못난 4월의 뒤꿈치가 벗겨지고 비자림은 판도라의 회오리 속에 갇혔어요 지난 가을 꽃과 바람의 축제를 잊고

봄은 여기 없는데 청명이 찾아왔어요 처녀 적 당신 눈에 가둔 스프링 같은 내 몸매처럼 부풀어 오르는 흙의 속살을 드러내며

가시울타리 같은 기억을 켜면 헤아릴 수 없는 이름들이 실오라기처럼 풀려 나와요 쓰린 눈에 담긴 나와 당신이라는 헌 가방은 가벼워지지 않는데

무거운 봄날 어디를 찾아 가려고 사각의 세상이 지은 모퉁이를 돌고 도는 것일까요 순한 바람의 씨앗 같은, 서툰 당신이나 잘 익은 나의 간극을

겨울의 더께를 한 겹씩 벗으니 발가락에 새순이 돋네요 그걸 산란産卵이라 부르니 거기 앉은 새의 날개가 말발굽처럼 바빠지잖아요 저걸 볼 수 있다면 당신에겐 잉태孕胎를

숲이 따뜻해지니 푸른 리듬 부풀어 오르는 복숭아 빛 가는 발목이 칭얼거려요 냉정한 액정을 깨뜨리고 언 땅에 흩뿌릴 거짓말 같은 봄의 에테르를 깨우겠어요

개미 알처럼 흩어진 사각의 기억들
불을 켜는 마음 바닥에는 화이트, 화이트,

# 그린란드 보고서

입술이 미끄러져 발등에 툭,

태양이 끝나는 곳 얼어붙은 땅에서
숨겨 둔 자식의 이름
스노우 스노우

말하는 동물의 언어 뜨겁지 못해 차가운 피
굳게 닫혔던 응고된 말들을 꺼내려
불안한 발음으로 당신을 부른다
스노우 스노우

날카로운 따뜻함으로 웃음을 베면
흰빛으로 가득했던 심연은 흐르고 흘러
눈을 가리는 흑야
당신에게서 내가 보이지 않는다고 말할 때
그 고백은 단지 미래의 크레바스
영원히 변하지 않을 것 같던
그때 본 별은 지워진 얼굴처럼 흘러내린다

스노우 스노우

아주 높고 깊은 곳까지
돌이킬 수 없고 기대할 수도 없는 반전의 반전
하얀 묵시록의 절대공간
당신의 모든 것은 날씨에 맡겨야 하리*
스노우 스노우

당신의 심장이 세상의 끝으로 투둑,

* 그린란드 속담.

| 전남 여수 출생 | 2009년 『애지』로 등단 | 전남 여수시 여서동 현대건설아파트 107동 1308호 |
핸드폰 011-633-5246 | 이메일 dew310@hanmail.net

지혜사랑 시인선 제76번인『엇박자의 키스』는 애지문학회 회원들인 강병길, 강서완, 김재기, 김정원, 김지요, 김진길, 김현식, 박정옥, 신종승, 우애자, 이돈형, 이제야, 정동재, 정해영, 조명희, 조영심, 조옥엽, 조재형, 홍종빈, 황경숙 등, 20명의 시인들의 일곱 번째 사화집—『나비, 봄을 짜다』,『날개가 필요하다』,『아, 공중사리탑』,『버거 씨의 금연캠페인』,『떠도는 구두』,『능소화에 부치다』에 이어서—이 된다. 이 20 명의 시인들은 서정시를 쓰는 시인도 있고, 자유시를 쓰는 시인도 있다. 정신분석학적인 측면에서 시를 쓰는 시인도 있고, 자연과학적인 측면에서 시를 쓰는 시인도 있다. 낙천적인 시인도 있고, 회의적인 시인도 있다. 저마다 제각각 사상과 취향이 다르지만, 그러나 모두가 다같이 우리 인간들의 행복한 사회를 꿈꾸며, '시인 만세'인 시세계를 열어나간다. 애지문학회 사화집인『엇박자의 키스』에는 장석주, 송종규, 신현림, 박형준, 맹문재, 유홍준, 박정원, 이영식, 강영은, 길상호, 장정자, 고영민, 김영찬 등, 13명의 유명한 시인들의 초대시도 수록되어 있다.

애지문학회편
엇박자의 키스

발　행 2013년 3월 4일
지은이 이제야 외
펴낸이 반송림
편집디자인 김지호
펴낸곳 도서출판 지혜
계간 시전문지 애지
기획위원 반경환 이형권 황정산
주　소 300-812 대전시 동구 삼성1동 273-6
전　화 042-625-1140
팩　스 042-625-1140

이메일 ejisarang@hanmail.net
애지 카페 cafe.daum.net/ejiliterature

ISBN: 978-89-97386-47-5 03810
값 10,000원